Luisa Hartmann

30 Streit-Geschichten

3-Minuten-Geschichten für den Morgenkreis

Verlag an der Ruhr

Impressum

Titel:	**30 Streitgeschichten** 3-Minuten-Geschichten für den Morgenkreis
Autorin:	Luisa Hartmann
Illustrationen:	Elisabeth Lottermoser
Umschlagfoto:	© Andrea Jüttner-Lohmann – Fotolia.com
Druck:	Druckerei Uwe Nolte, Iserlohn
Verlag:	Verlag an der Ruhr Alexanderstraße 54 – 45472 Mülheim an der Ruhr Postfach 10 22 51 – 45422 Mülheim an der Ruhr Tel.: 0208/439 54 50 – Fax: 0208/439 54 239 E-Mail: info@verlagruhr.de www.verlagruhr.de

© Verlag an der Ruhr 2008
ISBN 978-3-8346-0421-7

geeignet für
die Altersstufe

Die Schreibweise der Texte folgt der neuesten Fassung
der Rechtschreibregeln – gültig seit August 2006.

Gedruckt auf chlorfrei gebleichtes Papier.

Wir sind seit 2008 ein ÖKOPROFIT®-Betrieb und setzen uns
damit aktiv für den Umweltschutz ein. Das ÖKOPROFIT®-
Projekt unterstützt Betriebe dabei, die Umwelt durch
nachhaltiges Wirtschaften zu entlasten und Kosten zu
senken.

Inhalt

Inhalt

Streitgeschichten ab 8 Jahren

Streitgeschichten ab 9 Jahren

Streiten gehört zur Lebenswelt aller Kinder. Dabei sind Konflikte keineswegs generell zu verurteilen. Denn beim Streiten lernen die Kinder wichtige Sozialkompetenzen: Sich behaupten, Kompromisse eingehen, faires Verhandeln. Mit diesen **30 Streitgeschichten** bekommen die Kinder einen Einblick in alltägliche, aber auch kritische und dramatische Streitsituationen.

Sie erfahren, wie andere Kinder streiten, Konflikte lösen, sich aber oft auch hilflos ihrer Situation ausgeliefert fühlen.

Treffen Sie sich mit den Kindern im Sitzkreis. Lesen Sie passend zu einem aktuellen Konflikt oder je nach Interesse und Alter der Kinder eine lebensnahe 3-Minuten-Streitgeschichte vor.

Die Streitsituationen werden zunehmend komplexer und das Alter der Protagonisten steigt an, wobei die Altersangaben nur Empfehlungen darstellen. Entscheiden Sie je nach Entwicklungsstand und Interessen der Kinder, welche Streitgeschichten Sie ihnen vorlesen.

Nutzen Sie die Fragen am Ende der Texte, um sich zu vergewissern, dass die Kinder die Geschichten verstanden haben, und auch, um die Kinder zum Weiterdenken anzuregen und ihr eigenes Konfliktverhalten zu reflektieren.

Lassen Sie das Vorlesen der Streitgeschichten zu einem wöchentlichen Ritual werden, das für alle Kinder wertvolle Erfahrungen schafft.

Und nun wünsche ich Ihnen viel Spaß beim Vorlesen der 3-Minuten-Streitgeschichten sowie interessante Diskussionsrunden mit jederzeit fairen und selbstbewussten Kindern.

Luisa Hartmann

Warum ärgerst du mich immer?

„Ich kann schon mit ganz großen Zahlen rechnen", sagte Olga zu Lisa.

Lisa zuckte nur mit den Schultern. Sie konnte Olga nicht leiden, denn sie war eine furchtbare Angeberin. Angeblich konnte sie schon alles lesen und schreiben, und rechnen konnte sie sowieso, obwohl sie noch gar nicht in der Schule war.

Lisa wandte sich wieder ihrem Buch zu. Sie mochte die Geschichte vom Bären, der auszog, um die Welt zu erkunden. Sie fand vor allem die hübschen, bunten Zeichnungen schön, denn sie malte selbst sehr gerne. Die Texte kannte sie schon lange auswendig.

„Gib mir das Buch", verlangte Olga und versuchte, ihr das Buch wegzunehmen.

„Ich bin gleich fertig damit", sagte Lisa.

„Ich will es aber jetzt!", rief Olga und zerrte an dem Buch.

„Jetzt warte doch noch ein paar Minuten", gab Lisa zurück. Doch Olga wollte nicht warten und zog und zerrte, bis das Buch in zwei Teilen auf dem Boden lag.

Lisa starrte noch entsetzt auf das zerrissene Buch, während Olga schon laut rief: „Lisa hat das Buch kaputt gemacht."

„Das ist aber sehr ärgerlich", sagte Christine, die Erzieherin, und hob die Buchteile auf. „Naja, zum Glück kann man es wieder zusammenkleben."

„Ich war das nicht", sagte Lisa, aber Christine war schon wieder mit den anderen Kindern beschäftigt.

Am nächsten Tag saß Lisa in der Spielecke. Sie hatte sich aus dem Zubehör der Spielesammlung einen Bauernhof aufgebaut und spielte damit. Gerade ging der Bauer aufs Feld, um die Kühe – die grünen Spielsteine – in den Stall zu bringen.

„Was machst du denn da?", wollte Olga wissen.

Lisa erklärte es ihr.

„Das ist ja voll doof", rief Olga und schob mit dem Fuß den Bauernhof auseinander. „Und überhaupt brauche ich jetzt die Steine", sagte sie.

Lisa wollte sich nicht mit Olga streiten und suchte sich eine andere Beschäftigung. Doch kaum hatte sie sich ein anderes Spielzeug gesucht, kam Olga und nahm es ihr weg.

„Warum ärgerst du mich immer?", wollte Lisa wissen.

„Was mache ich denn?", fragte Olga herausfordernd.

„Ach nichts", gab Lisa patzig zurück und ließ Olga stehen.

Wieder einen Tag später wollte Olga beim Mittagessen genau da sitzen, wo Lisa saß. Lisa nahm schweigend ihren Teller und wollte den Tisch wechseln. Doch die Erzieherin sagte Olga, dass sie nicht einfach die anderen Kinder von ihrem Platz vertreiben könne. Also durfte Lisa an ihrem alten Platz bleiben. Olga warf ihr wütende Blicke zu.

Am Nachmittag saß Lisa in der Malecke und zauberte mit Fingerfarben bunte Farben auf ein großes Blatt Papier. Blau für den Himmel, ein paar weiße Wölkchen, natürlich eine gelbe Sonne.

Unten eine grüne Wiese, ein Haus mit einem leuchtend roten Dach, ein paar Figuren.

„Was soll denn das sein?", kreischte Olga, als sie das Bild sah. „Kannst du keine richtigen Menschen malen?"

Sie nahm den Topf mit der lila Farbe, steckte ihren Finger hinein und schmierte auf Lisas Bild herum. Sie malte einen eckigen Kopf, einen zu langen Körper, zu kurze Arme und Beine. Als Krönung gab sie dem Gesicht eine extrem spitze, grüne Nase und einen roten, breiten Mund.

Olga schaute sich ihr Werk zufrieden an, warf Lisa dann einen langen, prüfenden Blick zu und meinte grinsend: „Das bist ja du."

Lisa starrte auf ihr zerstörtes Bild und war den Tränen nahe.

Doch dann fiel ihr Blick auf die Dosen mit den Fingerfarben. Langsam nahm sie eine Farbe nach der anderen und kippte der verblüfften Olga die Farben über den Kopf.

„Und das bist du", sagte sie zufrieden.

● **Was kann Olga angeblich schon? Womit hat sie angegeben?**

● **Wie findest du Lisas Aktion mit den Fingerfarben am Ende der Geschichte? War das fair?**

● **Wie würdest du dich verhalten, wenn dich jemand grundlos tagelang stört und ärgert?**

L ara und Lilli sind Zwillingsschwestern. Noch dazu eineiige,
das heißt, sie sehen sich ziemlich ähnlich. Und das nutzen
sie auch aus.

Sehr oft spielt eine von ihnen ihren Freunden einen Streich, und
wenn die Freunde dann mit Lilli schimpfen, sagt sie: „Aber ich
war's doch gar nicht. Lara war es." Oder natürlich umgekehrt.
Nur ihre Eltern können sie auseinanderhalten.

Lara und Lilli tragen immer die gleichen Klamotten, denn sonst
könnte man sie ja daran unterscheiden. Sie haben beide blondes,
schulterlanges Haar, blaue Augen und eine Stupsnase. Manchmal
trägt Lara die Haare zusammengebunden, aber wenn sie jemandem einen Streich spielen wollen, tragen sie die gleiche Frisur.
Sie sind eben typische Zwillinge und sich daher immer einig.

11

Na ja, fast immer. Lara wurde zehn Minuten früher geboren, sie ist also die ältere. Oft genug kommandiert sie Lilli herum, und wenn diese sich beschwert, sagt sie: „Ich bin eben die ältere." Was Lilli jedoch am meisten ärgert, ist die Tatsache, dass Lara beim Essen immer ein kleines bisschen mehr bekommt. Vor allem ist das so, wenn es Schnitzel mit Pommes gibt – ihrer beider Leibgericht. Da hat Lara immer das größere Schnitzel. Es sind nur ein paar Millimeter, kaum sichtbar, aber Lilli sieht es trotzdem. Lara findet das lächerlich, und auch ihre Mutter versucht Lilli klarzumachen, dass sie sich das nur einbildet. Und weil keiner Lilli glauben will, wird sie noch wütender. Und dafür wird sie sich rächen.

Lilli weiß, dass es heute wieder Schnitzel mit Pommes gibt. Sie schleicht sich in die Küche und schnappt sich das Glas mit der Mayonnaise. Sie selbst mag ja lieber Ketchup – noch etwas, was die beiden Zwillingsschwestern voneinander unterscheidet.

Mit dem Glas in der Hand schleicht Lilli sich in das gemeinsame Kinderzimmer. Sie hat Bauchschmerzen vorgetäuscht, damit Lara allein zum Flötenunterricht gehen muss. Unter ihrem Bett holt sie ein großes Glas mit Deckel und eine kleinere Schüssel ohne hervor. In die kleine Schüssel kippt Lilli den Inhalt des Mayonnaiseglases. Dann öffnet sie das große Glas.

Sie hat in den letzten Wochen sehr viel Zeit ohne Lara damit verbracht, etwas Ähnliches wie Mayonnaise herzustellen, das aber natürlich gar nicht schmeckt. Aus einer Mischung aus Mehl, Zucker, Salz, Milch und Wasserfarbe hat sie schließlich etwas zusammengepantscht, das auf den ersten Blick wie Mayonnaise aussieht. Die Milch ist jetzt schon sauer geworden und es riecht eklig. Aber Lara ist immer so gierig, dass sie sicher die ersten Pommes mit der falschen Mayonnaise in sich hineingestopft hat, bevor sie etwas riecht.

Schnell füllt Lilli in das leere Mayonnaiseglas die ungenießbare weiße Matsche und stellt es zurück in den Kühlschrank.

Dann entsorgt sie die echte Mayonnaise im Klo und spült die Schüsseln aus.

Als die Mutter beim Abendessen die Schnitzel und Pommes verteilt, beklagt sich Lilli wie gewohnt, dass Lara das größere Stück Fleisch bekommen hat.

„Lilli, was soll denn das?", fragt die Mutter müde. „Du weißt genau, dass das nicht stimmt. Ich bitte den Verkäufer jedes Mal, mir unbedingt zwei gleich große Stücke zu geben."

„Aber sie hat mehr Pommes", sagt Lilli mürrisch und deutet auf Laras Teller. Ihre Schwester hat sich gerade die weiße Matsche über die Pommes gekippt, die sie für Mayonnaise hält.

„Na ja, ist ja auch egal", gibt Lilli scheinbar nach und beginnt zu essen.

„Nein, wenn du meinst, Lara hat mehr, dann tauscht ihr jetzt einfach", sagt Mama, nimmt Lilli den Teller weg und stellt ihr Laras Teller vor die Nase.

„Aber ich mag keine Mayonnaise!", ruft Lilli entsetzt und starrt auf das eklig riechende Zeug auf den Pommes.

„Das ist mir gleich", erwidert ihre Mutter. „Man kann nicht alles haben: Und jetzt iss!"

➲ **Worin unterscheiden sich die beiden Zwillingsschwestern?**

➲ **Kennst du das Sprichwort „Wer anderen eine Grube gräbt, fällt selbst hinein"? Wie passt dieses Sprichwort zu dieser Geschichte?**

➲ **Hast du auch schon mal das Gefühl, dass du bei der Essensverteilung ungerecht behandelt wirst? Wie löst ihr solche Streitigkeiten?**

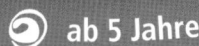

ab 5 Jahre

S sssssssssssst, machte das Auto, als es über den Spielplatz fuhr. Manchmal stockte es, weil zu viel Sand auf dem Boden lag oder es gegen einen kleinen Stein fuhr, aber Lars hatte das Auto gut im Griff. Er bewegte den Joystick der Fernsteuerung nach vorne – das Auto raste vorwärts; er drehte den Stick ein wenig nach rechts – das Auto fuhr in eine Rechtskurve. Und wenn Lars den Stick nach hinten kippte, legte der rote Ferrari den Rückwärtsgang ein. Es war das coolste Geschenk, das er jemals bekommen hatte.

Das fand auch Ruben. Mit großen Augen beobachtete er das Auto. Als der Ferrari in seine Richtung fuhr, schob er das rechte Bein ein wenig nach vorne, sodass das Spielzeugauto an seinen Fuß stieß.

„Heh!", rief Lars empört. „Lass es weiterfahren."

„Cooles Auto", entgegnete Ruben. „Darf ich auch mal damit spielen?"

Lars schüttelte energisch den Kopf. „Nöö, das gehört mir und nur ich darf damit fahren." Er legte den Rückwärtsgang ein und – sssssssssssssst – rangierte er das Auto um Ruben herum.

„Ich will's ja nur mal ausprobieren", bat Ruben, aber Lars blieb hart. Es war sein Auto. Er hatte so lange darauf warten müssen, und deshalb wollte er nun jede Minute selbst damit spielen.

„Du bist blöd", murrte Ruben und kickte den Sand unter seinen Füßen in die Luft. Lars grinste nur.

Ruben setzte sich auf die Schaukel und stieß sich mit den Füßen ab. Er flog hoch hinaus, so hoch, dass er den Spielplatz und den blöden Lars gar nicht mehr sehen konnte. Nur das Sssssssssssssst war auch hier oben zu hören.

„He, Ruben, spielst du mit mir?" Annika stand bei der Wippe und sah ihn bittend an. Ruben verdrehte die Augen. Annika wollte immer Vater, Mutter, Kind spielen und ihn küssen. Igitt! Trotzdem war es besser, als alleine zu schaukeln. Er sprang in hohem Bogen von der Schaukel und landete direkt vor Lars' Füße.

„Hey, pass doch auf!", rief der, und setzte seinen Ferrari in den Sand.

„Du stehst im Weg", gab Ruben zurück und lief zu Annika, die gerade ihr Plastikgeschirr auspackte. Ruben seufzte. Er hatte keine Lust auf Kaffeeklatsch.

Während er so tat, als trinke und genieße er den Luftkaffee und den Luftkuchen, beobachtete er Lars. Er konnte offensichtlich nicht genug von seinem blöden Auto bekommen. Allmählich ging ihm das ständige Sssssssssssssst auf die Nerven.

„Heiratest du mich, wenn wir groß sind?", wollte Annika wissen.

„Was?", fragte Ruben gedankenverloren, während er sah, wie Lars einem Dreijährigen auf die Finger haute, weil er das Auto angefasst hatte. Das war doch die Höhe! „Ja, ja", sagte er zu Annika und wunderte sich, warum sie plötzlich so strahlte.

Lars schubste den kleinen Jungen weg und gab Gas.

Annika überreichte ihm ein Glas Luftchampagner, um ihre Verlobung zu feiern.

Lars schien die Gewalt über sein Auto verloren zu haben, denn er drehte wie hektisch an dem Joystick, doch der Ferrari raste ungehindert auf den Sandkasten zu.

„Wetten, ich kann weiter springen als du?", forderte Ruben Annika heraus.

„Gar nicht wahr!", rief Annika. Sie war eine Sportskanone und Springen war ihre liebste Beschäftigung.

„Eins, zwei, drei", kommandierte Ruben, und sie sprangen nebeneinander in den Sand. Annika war eindeutig weiter gesprungen, aber das interessierte Ruben nicht. Wichtiger war das knirschende Geräusch unter seinen Füßen.

„Wo ist mein Auto?" Lars kam angerannt und schaute hektisch umher.

„Keine Ahnung", sagte Ruben unschuldig, und schob mit dem Fuß schnell noch etwas Sand über die roten Plastikteile, die aus dem Sandkasten herausschauten.

⋑ **Warum strahlte Annika plötzlich während des Spiels Ruben so an?**

⋑ **Wie hätte Ruben sich doch noch mit Lars einigen können, sodass er auch mal mit dem Auto spielen kann?**

⋑ **Warum sprang Ruben absichtlich auf Lars' Ferrari? Was glaubst du?**

Marlen konnte es nicht fassen. Dani hatte Einladungskarten für ihre Geburtstagsparty am Samstagnachmittag verteilt, aber sie hatte keine bekommen. Hatte sie sie vergessen?
Okay, sie waren nicht gerade beste Freundinnen, aber sie verstanden sich doch recht gut. Und Dani hatte ja auch Jenny und Sandra eingeladen, diese blöden Gänse. Die waren dauernd nur am Rumkichern, gaben blöde Sprüche von sich und wollten immer im Mittelpunkt stehen.
Marlen versuchte, sich zu beruhigen. Sicher hatte Dani die Einladung nur vergessen und würde sie morgen mitbringen. Doch auch am nächsten Tag bekam sie keinen pinkfarbenen Umschlag. Gestern hatte sie heimlich in die Einladung von Jenny gespitzt.

Das Programm war nicht besonders aufregend, aber darum ging's ja nicht. Marlen wollte auch mit dabei sein.

Noch drei Tage, und Dani machte keine Anstalten, auch Marlen die begehrte Einladung zu übergeben. Ob sie sie fragen sollte? Doch dazu war Marlen zu stolz. Nein, das würde sie keinesfalls machen. Das hatte sie nicht nötig. Wenn die anderen sie nicht dabei haben wollten, dann sollten sie es eben bleiben lassen! Jawohl!

Es nagte an Marlen, dass sie den anderen zusehen und zuhören musste, wie sie den Nachmittag planten und laut über Geschenke für Dani nachdachten.

Was Marlen aber beinahe noch mehr wurmte, war die Tatsache, dass alle es völlig normal zu finden schienen, dass sie nicht mit von der Partie sein würde. Sie dachte angestrengt nach, ob sie etwas angestellt hatte, woran sie sich gerade nicht erinnern konnte. Doch im Unterricht, beim Sport, auch nach der Schule redeten sie mit ihr, als sei alles normal – warum also war sie ausgerechnet bei der Geburtstagsparty die Außenseiterin?

Donnerstag und Freitag vergingen, ohne, dass die heiß ersehnte Einladung gekommen wäre. Am Samstagnachmittag saß Marlen zu Hause und hasste die Welt. Vor allem aber Dani. Und Jenny. Und Sandra. Und all die anderen. Sie amüsierten sich jetzt bei Kuchen und Kakao und spielten dämliche Spiele, die aber lustig waren, wenn man sie zusammen spielte.

Marlen weinte, dann verprügelte sie ihr Kissen, dann weinte sie wieder. Kurz vor dem Einschlafen hatte sie eine Idee …

Am Montag in der großen Pause schlich sie sich in der großen Pause wieder ins Schulgebäude. Sie hörte die anderen Kinder draußen toben und schreien und huschte zum Klassenzimmer zurück. Da hingen ja die Mäntel und Jacken, in Reih und Glied. Jennys Anorak war einfach zu finden, denn er hatte diese auffällig große Kapuze. Marlen schaute sich um und spuckte, als niemand zu sehen war, kräftig in die Kapuze. Bei Danis Mantel schob sie ihr Pausenbrot, das heute mit Butter und Käse belegt war, aufgeklappt in die Tasche.

In Jennys Jackentasche fand Marlen einen Schokoriegel. Sie kämpfte mit sich, ob sie ihn essen sollte, doch dann drückte sie ihn fest in der Hand, bis er ganz weich wurde. Vorsichtig wickelte sie die Schokolade aus und steckte sie in die Jacke zurück. Marlen trat zurück und betrachtete die Jacken und Mäntel. Es war nichts zu sehen. Zufrieden wandte sie sich ab. Das würde ein Spaß werden!

- ➲ **Was wurmte Marlen am allermeisten?**

- ➲ **Was hältst du von Marlens Rache?**
  Kannst du verstehen, dass Marlen so reagiert hat? Wird sie jetzt bei der nächsten Feier eher eingeladen? Was hätte sie stattdessen tun können?

- ➲ **Hast du dich auch schon einmal ausgeschlossen gefühlt? Wie hast du da reagiert?**

Ich hasse meine Stiefschwester!

ab 5 Jahre

„**P**aaapaaa, eine Spinne!", schrie Babsi aus Leibeskräften. „Ach Babsi, nun stell dich doch nicht so an", sagte Volker, Babsis Papa, als er in ihr Zimmer kam. „Spinnen sind nützliche Tiere, das weißt du doch."

„Ich kann sie trotzdem nicht leiden", erwiderte Babsi kläglich.

Moritz saß in seinem Zimmer und grinste zufrieden in sich hinein. Endlich wusste er eine Möglichkeit, sich an seiner dämlichen Stiefschwester zu rächen.

Moritz hasste Babsi. Seit sie mit ihrem blöden Vater hier eingezogen war, machte sie ihm das Leben zur Hölle. Was Mama an Volker fand, konnte Moritz nicht nachvollziehen.

Dass Babsi in derselben Klasse war, konnte Moritz so gerade aushalten. Dass sie die anderen Kinder in der Gegend ärgerte und beklaute, und er dafür die Strafe bekam, war dann aber doch die Höhe.

Erst neulich hatte sie einem Jungen das Fahrrad geklaut, war damit den ganzen Tag herumgefahren und hatte es schließlich in die Garage gestellt. Beim Abendessen hatte ihr Vater gefragt, wo das fremde Rad herkam. Natürlich hatte sie die Unschuldige gespielt, und obwohl seine Mutter zu ihm gehalten hatte, hatte am Ende Moritz zwei Tage Hausarrest bekommen. Der Hass auf seine Stiefschwester wurde immer größer.

Aber jetzt hatte Babsi ihm die perfekte Idee geliefert.

Moritz holte sich aus der Küche eine große durchsichtige Schüssel mit Deckel, in den er Luftlöcher bohrte. Dann ging er auf Spinnenjagd. Zum Glück wohnten sie am Waldrand, da kamen jede Menge der achtbeinigen Tierchen in den Keller gekrochen. Moritz mochte sie zwar auch nicht besonders, aber was tat man nicht alles für einen guten Racheplan.

Die erste Gelegenheit ergab sich an einem Samstag, als seine Mutter in der Stadt beim Einkaufen und Babsi mit ihrem Vater unterwegs war. Moritz ging in Babsis Zimmer, das über und über mit Postern von so genannten „Popstars" bepflastert war, an die sich morgen niemand mehr erinnern würde. Er schnaubte.

Das war doch typisch, dass seine Stiefschwester auf so bescheuerte Typen stand.

Moritz holte die Schüssel aus ihrem Versteck. Mittlerweile tummelten sich zirka zwanzig Spinnen aller Farben, Größe und Dicke darin.

Besonders stolz war er auf ein schwarzes, handtellergroßes, behaartes Riesenexemplar, das bedrohlich am Deckelrand kratzte. Die Viecher wollten vor allem eines: raus!

Er stellte sich vor Babsis Bett, hielt das Gefäß genau darüber, öffnete den Deckel und schüttelte die Spinnen heraus.

„Dann krabbelt mal schön", sagte er zu den Tieren und überprüfte das Fenster. Es war zu; und auch die Türe zog er fest ins Schloss.

Keine Spinne sollte die Möglichkeit haben, auszubüchsen. Dann ging er in sein Zimmer zurück, setzte sich an seinen Fernseher und legte eine DVD ein: Spiderman natürlich.

Das Abendessen verlief ohne Vorfälle, sowohl Babsi als auch ihr Vater waren bester Laune.

Die wird euch noch vergehen, dachte Moritz und grinste still vergnügt vor sich hin. Seine Mutter schlug einen gemeinsamen Spielabend vor, aber keiner hatte Lust darauf.

Moritz half seiner Mutter beim Abwasch, dann setzte er sich wie jeden Samstag mit Volker vor den Fernseher und schaute die Fußballergebnisse an. Es war ihr einziges gemeinsames Interesse. „Ich muss noch telefonieren", verkündete Babsi und verzog sich in ihr Zimmer.

Moritz stoppte in großer Vorfreude die Zeit, bis es so weit sein würde.

Babsi war noch keine Minute verschwunden, als ein schrecklicher Schrei aus ihrem Zimmer ertönte:

„PAAAAPAAAAAAAAAAAAAAAAAAAAAAAAA!!!!!"

Moritz grinste. Er hatte seine Spuren so gut verwischt, dass keiner ihn verdächtigen würde.

⊃ **Warum kann Moritz seine Stiefschwester nicht ausstehen?**

⊃ **Findest du die Spinnen-Geschichte einen harmlosen Scherz oder ganz grauenvoll? Wie ist deine Meinung?**

⊃ **Wie wird die Geschichte weitergehen? Was könnten Moritz und Babsi tun, sodass sie irgendwann vielleicht doch Freunde werden?**

„**…U**nd dann hat Papa Lilo in ihr Zimmer geschickt."
Paula machte ein zufriedenes Gesicht und wunderte
sich, dass ihre beste Freundin Anka plötzlich so seltsam guckte.
Ein Schatten fiel über das Pult. Au weia, dachte Paula, das kann
nur Frau Sanders sein. Tatsächlich stand die Lehrerin hinter ihr.
„Entschuldigung, Frau Sanders", sagte Paula artig, doch die
Lehrerin schien trotzdem verärgert zu sein. Immerhin war es
das vierte Mal, dass sie Paula beim Schwätzen erwischt hatte.
Dennoch gab es nur eine Ermahnung. Paula war erleichtert.
Am nächsten Morgen schob Frau Sanders einen kleinen dicken
Jungen vor sich her in das Klassenzimmer. Er schaute unglücklich
drein und starrte auf den Boden.
„Guten Morgen, Kinder", sagte Frau Sanders. „Das ist Jan.
Er wird bis zu den Sommerferien bei uns bleiben."
Frau Sanders schob den Jungen zum Tisch von Paula und Anka
und sagte: „Anka, setz du dich bitte neben Ulli, dann kann Jan
hier sitzen."

23

Paula war empört. Wieso musste es ausgerechnet der Platz neben ihr sein? Doch dann erinnerte sie sich an den gestrigen Vorfall. Das war vermutlich Frau Sanders' Bestrafung.

„Hallo", murmelte sie zu Jan und warf Anka einen wehmütigen Blick nach.

Das erste, was ihr an Jan auffiel, war sein Körpergeruch. Er schwitzte stark und roch entsprechend.

Paula krauste die Nase. Igitt. Na ja, es war heiß draußen, da kam man schon mal ins Schwitzen.

Obwohl alle ihn löcherten, sagte Jan nicht, warum er mitten im Schuljahr auftauchte und nur ein paar Wochen bleiben würde. Einige tippten auf Zirkus, aber es war gerade keiner in der Stadt. Andere stellten wilde Theorien auf: Seine Eltern saßen im Gefängnis, oder sie waren abgehauen und hatten Jan zurückgelassen. Vielleicht waren sie auch gestorben.

Paula interessierte das alles nicht. „Er stinkt", beklagte sie sich bei Anka.

„Sag ihm doch, dass er sich besser waschen soll", schlug die Freundin vor. Wie immer dachte sie ziemlich praktisch.

„Ich kann ihn nicht ausstehen", zischte Paula, als Jan in ein paar Metern Entfernung vorbeischlich. „Riechst du das nicht?", sagte sie zu Anka und schnüffelte demonstrativ herum.

„Du bildest dir das nur ein", gab Anka zurück. „Ich saß neulich neben ihm, als wir den Film gesehen haben. Ich habe nichts gerochen."

Verräterin, dachte Paula und redete drei Tage kein Wort mit Anka. Es war kurz vor den Sommerferien und die letzten Arbeiten wurden geschrieben. Paula wollte sich in Mathe unbedingt noch verbessern und hatte Frau Sanders gefragt, was sie tun müsse.

„Schreib in der nächsten Arbeit eine Eins, dann schaffst du das." Paula hatte gebüffelt und mehrmals auf das Schwimmbad verzichtet. Sie wollte unbedingt diese Eins haben.

Der Tag des Tests kam. Paula war sicher, dass sie die Eins schaffen würde, denn sie war sehr gut vorbereitet. Jan neben ihr schnaufte und schwitzte. Und roch.

Paula rutschte an den äußersten Rand des Tisches, aber der Geruch verfolgte sie.

Frau Sanders verteilte den Test, und Paula versuchte, sich darauf zu konzentrieren. Doch Jans Ausdünstungen stiegen ihr ständig in die Nase. Paula hielt sich die Nase zu, aber so konnte sie sich auch nicht besser konzentrieren. Sie atmete flach durch den Mund, aber selbst da schien der Geruch sich festzusetzen.

Die Zeit verstrich, und sie hatte noch nicht einmal die Hälfte der Aufgaben gelöst.

„Du stinkst", zischte Paula Jan zu. Der schaute sie nur verstört an, sagte aber nichts.

„Nicht reden, Paula", mahnte Frau Sanders.

Das war ja mal wieder typisch. Paula sprang wütend auf und rief: „Wie soll ich eine gute Note schreiben, wenn ich neben dem da sitzen muss?" Sie zeigte mit dem Finger auf Jan. Hinter ihr kicherte jemand.

„Setz dich, Paula", sagte Frau Sanders ruhig.

„Ich kann nicht", klagte Paula. „Ich kann hier nicht sitzen", sagte sie mit Nachdruck. „Jan stinkt!"

● Welche Vermutungen hatten die Kinder, warum Jan auf einmal neu in die Klasse gekommen ist?

● Glaubst du, es war wirklich der Gestank, der Paula störte, oder hatte sie vielleicht noch ein anderes Problem?

● Wie hätte Paula ihr Problem fairer lösen können?

Hey, nicht vordrängeln!

ab 6 Jahre

Den ganzen Morgen über freute Alessandro sich auf den Nachtisch. Heute war Donnerstag, und donnerstags gab's immer Schokopudding.

Normalerweise hasste er das Essen in der Ganztagsbetreuung, aber am Donnerstag war das anders. Egal, was es als Hauptgericht gab, der Schokopudding war einfach das Größte. Auch, dass er nicht wie früher daheim essen konnte, weil Mama jetzt auch arbeitete, störte ihn donnerstags nicht.

Nun mach schon, dachte Alessandro und versuchte, die große Uhr neben der Tafel zu hypnotisieren. Doch der Sekundenzeiger schlich heute besonders langsam und die Mathestunde wollte nicht vorbeigehen.

Aber endlich war es soweit: Der Gong ertönte, die Stunde war vorbei.

Alessandro stürmte hinaus und achtete nicht darauf, dass er seine Mitschüler anrempelte. Er war auf Schokopudding-Mission, da konnte er keine Rücksicht nehmen!

Die Schlange war heute besonders lang und der Geruch, der ihm vom Speisesaal entgegenwehte, verhieß nichts Gutes. Alessandro tippte auf Hacksteak mit Kartoffelpüree und Erbsen. Igitt! Umso wichtiger war es, den Nachtisch zu ergattern.

Das Problem war nur, dass die anderen Schüler genauso dachten. Und es gab normalerweise nie genug vom leckeren Nachtisch. Ungeduldig wippte Alessandro auf und ab.

„Zappel doch nicht so herum", sagte eine vertraute Stimme hinter ihm. Baykan. Der hatte ihm gerade noch gefehlt.

„Lass mich in Frieden", knurrte Alessandro.

Endlich rückte die Schlange wieder ein Stück vor. Alessandro konnte bereits die Vitrine mit dem Nachtisch sehen.

Am liebsten wäre er nach vorne gestürmt und hätte sich einen der Schokopuddings geschnappt, doch es gab die Vorschrift, dass nur einen Nachtisch bekam, wer ein Hauptessen auf dem Tablett hatte.

Endlich war es soweit: Er stand nur noch einen Meter von dem begehrten Dessert entfernt. Alessandro entschied sich für den Nudelauflauf, der immer noch besser war als Fleisch mit Erbsen. Er nahm den Teller, stellte ihn auf sein Tablett und wollte zur nächsten Vitrine gehen. Da sah er, dass Baykan bereits davor stand und sich einen Schokopudding aus dem Fach angelte. Es war der letzte!

Wie war das möglich? Hatte er nicht hinter ihm gestanden? Alessandro war einen Moment lang sprachlos, doch dann packte ihn die Wut. Diese Freude auf den Schokopudding würde er sich nicht verderben lassen, schon gar nicht von einem wie Baykan.

„Hey, nicht vordrängeln! Lass die Finger vom Pudding!", rief er dem Türken zu. „Der gehört mir."

Baykan drehte sich lässig um und lachte. „Hättste wohl gerne!", erwiderte er. „Jetzt hab ich ihn aber!" Er hielt den Becher vor sein Gesicht und leckte genüsslich an der dunkelbraunen Masse.

Dann hielt er ihn Alessandro entgegen und fragte scheinheilig: „Willst du ihn noch?"

Alessandro ließ sein Tablett fallen und stürzte sich auf Baykan. Auch der musste zwangsläufig alles fallen lassen, um sich zu verteidigen.

Die anderen Schüler bildeten einen Kreis um die beiden Streithähne und feuerten den einen oder anderen an.

„Was ist denn hier los?", donnerte eine tiefe Stimme. Dann griff eine starke Hand an Alessandros Schulter, eine andere erwischte Baykan am Arm. Herr Huber hielt die beiden Kampfhähne voneinander entfernt.

„Was ist hier los?", wollte er wissen.

„Ich wollte doch nur den Schokopudding", sagte Alessandro kläglich.

„Kannst ihn ja vom Boden auflecken", gab Baykan frech zurück.

„Idiot", murmelte Alessandro und sah wehmütig zu dem braunen Matsch auf dem Boden.

Herr Huber folgte seinem Blick und sagte: „Das ist die gerechte Strafe: Jetzt hat keiner was davon."

- **Was hatte Baykan gemacht, sodass die Prügelei ausgelöst wurde?**

- **Wie hätten die beiden den Streit vermeiden können?**

- **Wie hättest du dich an Alessandros Stelle verhalten, wenn sich jemand bei dir vorgedrängelt hätte?**

Der blöden Kuh werde ich es zeigen!

Sonja konnte nicht glauben, dass sich plötzlich alles um die Neue drehte. Zugegeben, Natascha hatte tolle schwarze Haare, aber das war auch schon alles, was man Gutes über sie sagen konnte. Sie konnte ja nicht mal richtig Deutsch.

„Sie stammt aus einer alten Zirkusfamilie", schwärmte Lotte. „Und sie kann auf einem Hochseil balancieren."

Sonja zeigte sich unbeeindruckt. „Na und? Ich kann den Spagat und einen Salto, und ich bin sicher, ich kann auch auf einem Hochseil laufen."

„Glaube ich nicht", gab Lotte zurück. „Das muss man von klein auf üben."

Da Natascha immer nur für ein paar Wochen in einer Schule war, waren ihre Leistungen nicht besonders gut. Doch alle wollten ihr helfen. Alle außer Sonja.

29

Beim Völkerball versuchte Sonja, Natascha über den Haufen zu rennen, doch das Mädchen wich geschickt aus. Grinsend hielt sie Sonja den Ball unter die Nase, warf ihn dann aber weit weg, als diese ihn sich schnappen wollte.

Das machte Sonja richtig wütend. Nicht nur, weil Natascha der Mittelpunkt aller Gespräche war, sie schien es auch sehr zu genießen. Na, der würde sie es aber zeigen!

Während die anderen mit offenem Mund zuhörten, wenn Natascha von ihren Abenteuern mit dem Zirkus erzählte, ging Sonja zu Nataschas Platz, nahm sich eines ihrer Hefte und verschmierte die Seiten mit den letzten Hausaufgaben.

In der großen Pause kippte sie absichtlich ihren Johannisbeersaft über Nataschas helle Hose und sagte flapsig: „Oh, Tschuldigung. Bin gestolpert."

Wann immer es eine Gelegenheit gab, nutzte Sonja sie, doch Natascha war kein einfaches Opfer. Sonja hängte ihren Mantel vor eine andere Klasse, aber Natascha schien die Kälte nichts auszumachen. Sonja zog heimlich die Schnürsenkel aus ihren Sportschuhen, aber Natascha schien auch das nicht zu stören. Sie rannte einfach barfuß und wurde trotzdem Erste beim Wettlauf.

Natürlich war Sonja schlau. Sie wollte wegen so einer dahergelaufenen Kuh keinen Ärger riskieren. Dennoch fiel der Verdacht immer häufiger auf sie. Als eines Tages Lotte Sonja auf ihr gemeines Verhalten ansprach, zuckte sie jedoch nur mit den Achseln und sagte: „Ich weiß nicht, was du meinst."

Es war frustrierend. Egal, was Sonja sich ausdachte, Natascha ertrug die Gemeinheiten ohne ein Wort. Vermutlich war sie durch ihr Leben beim Zirkus abgehärtet.

Als die anderen nach dem Schwimmen wieder einmal Nataschas Haarpracht bewunderten, wusste Sonja, dass sie ihre schwache Stelle gefunden hatte.

Von zu Hause brachte sie eine große, kräftige Schere mit, die sie in den Tiefen ihres Schulranzens versteckte. Jetzt musste sie nur noch auf die passende Gelegenheit warten. Und die kam schneller als erwartet: Frau Wagner sagte ihnen, dass sie einen Film über den Nordpol anschauen würden. Sonja setzte sich hinter Natascha.

Vom Film würde sie kaum etwas sehen, denn Natascha war größer als sie. Doch an dem Film war Sonja auch nicht interessiert. Sie wartete, bis es dunkel war und alle sich auf die Bilder vorne auf der Leinwand konzentrierten. Als alle „Oh, wie süüüüß!" riefen, weil zwei kleine Eisbärbabys über das Eis purzelten, zog Sonja die Schere heraus.

Schnipp – die erste schwarze Locke fiel zu Boden. Schnipp, schnipp, schnipp – und noch eine und noch eine und noch eine. Sonja war mit dem Ergebnis sehr zufrieden. Vorbei war es mit der tollen Haarpracht. Nun war es eher ein verunglückter Stufenschnitt.

Als der Film zu Ende war, ging das Licht an. Zu Sonjas Füßen lag ein kleiner Haufen schwarzer Haare. Als Natascha ihre abgeschnittenen Locken auf dem Boden liegen sah, war sie zum ersten Mal den Tränen nahe.

Lotte, die neben ihr saß, schüttelte ungläubig den Kopf und sagte: „Jetzt bist du zu weit gegangen!"

◉ **Warum hatte Sonja Tag für Tag solche Gemeinheiten gemacht, obwohl Natascha ihr nichts getan hatte?**

◉ **Was glaubst du, warum hat sich Natascha überhaupt nicht gegen die Gemeinheiten gewehrt?**

◉ **Was wird jetzt wohl passieren, nachdem Sonjas Tat aufgeflogen ist? Wie wird Sonja reagieren?**

„**M**ein Geld ist weg!" Jana starrte entsetzt in ihren Schulranzen und begann schließlich alles auszuräumen. Auf ihrem Tisch stapelten sich Bücher, Hefte mit und ohne Eselsohren, ihr Handy, eine Sonnenbrille, eine Haarbrüste, Haargummis, eine halbe Tafel Schokolade, ein angebrochenes Päckchen Kaugummi und allerlei undefinierbarer Krimskrams. Am Ende kippte sie den Ranzen um, aber es fielen nur jede Menge Brösel und eine Haarklammer heraus.

„Was für ein Chaos", sagte Naomi halb fasziniert, halb angeekelt.

„Ist mir egal", schnauzte Jana zurück. „Mein Geld ist weg."

„Vielleicht hast du's ja daheim vergessen?"

„Nein, hab ich nicht. Ich hab mir vorhin in der großen Pause noch was gekauft", gab Jana zurück.

„Hast du es irgendwo liegen lassen?", schlug Naomi vor.

Jana hielt den Ranzen unter die Tischkante und schob alles wieder hinein. Naomi schüttelte nur den Kopf. Sie mochte Jana wirklich gern, aber sie war furchtbar schlampig. Sicher lag der Geldbeutel irgendwo herum.

„Ich bin sicher, Caro hat ihn geklaut", sagte Jana und warf die Schultasche auf den Boden.

„Wie kommst du denn darauf?", wollte Naomi wissen.

„Wer einmal klaut …", sagte Jana und schaute die Freundin herausfordernd an.

„Das ist doch Monate her", erwiderte Naomi.

„Dabei sind ihre Eltern stinkreich", murmelte Jana. „Die hat doch alles."

„Vielleicht klaut sie gerade deshalb?", fragte Naomi.

„Verteidigst du sie jetzt auch noch? Du bist ja eine tolle Freundin!", rief Jana und ließ eine verblüffte Naomi stehen.

Am nächsten Morgen wurde Naomi von Hannah mit den Worten begrüßt: „Hast du schon gehört? Caro hat schon wieder geklaut."

„Was?" Naomi sah Hannah erschrocken an.

„Alle reden darüber", sagte Hannah. „Sie hätten sie damals gleich von der Schule werfen sollen."

Naomi ging sofort zu Jana, die umringt von anderen Schülern vor dem Klassenzimmer stand.

„Wie kannst du behaupten, dass Caro dein Geld geklaut hat?", fauchte sie die Freundin an. „Du hast nicht den geringsten Beweis!"

„Wer einmal klaut, klaut immer wieder", sagte Florian.

„Da kommt sie ja", rief Babsi und zeigte den Gang entlang.

Wie auf Kommando drehten sich alle um und starrten Caro feindselig entgegen.

„Diebin!", zischten die einen, „Sie hat geklaut", flüsterten andere sich gegenseitig zu.

Caro lächelte ihr schüchternes Lächeln, das ihr jedoch verging, als Jana sich ihr in den Weg stellte und unfreundlich sagte:

„Du hast gestern mein Geld geklaut. Gib es mir sofort zurück!"

„Hol's dir doch, du Angeberin!", gab Caro herausfordernd zurück.
„Sie gibt es auch noch zu!" Jana war einen Moment lang
sprachlos.
„Du bist so blöd", zischte Caro. „Ich habe dein Geld nicht geklaut.
Ich wüsste nicht mal, wo ich suchen sollte."
„Du lügst", rief Jana. „Ich hab's doch gesehen."
„Meinst du nicht, dass es reicht?", schritt da Naomi ein.
Auch wenn sie Caro nicht besonders mochte, so war das
doch kein Grund, sie falsch zu beschuldigen.
„Halt du dich doch da raus", schrie Jana sie wütend an.
„Bist jetzt wohl ihre Freundin?"
Hinter den dreien wurde es unruhig. Naomi drehte sich um
und sah Frau Stiegler bei den anderen stehen. In der Hand hielt
sie – Janas Geldbeutel.
„Der wurde gestern Nachmittag abgegeben", sagte Frau Stiegler
und hielt die Geldbörse hoch. „Gehört der einer von euch?"
Naomi stieß Jana an. „Nun sag schon was", zischte sie ihr zu.

- Warum glaubten so viele Kinder sofort,
  dass Caro das Geld geklaut hatte?

- Wie findest du den Spruch: „Wer einmal klaut,
  klaut immer wieder"?

- Wie wird die Geschichte weitergehen?
  Wie wird sich Jana Caro gegenüber nun
  verhalten? Welche Reaktion wäre jetzt fair?

Normalerweise waren Lena und Louis ein Herz und eine Seele. Doch dann schrie Lena Louis an: „Du bist so bescheuert. Lass mich doch in Frieden!" Und Louis schrie zurück: „Du bist ein blöde Zicke!" Dann war es mit der Freundschaft für eine Weile vorbei.

Vanessa nahm sich ein Herz und fragte die beiden. „Ihr seid wie unsere Nachbarn", sagte sie. „Offensichtlich könnt ihr euch doch gar nicht leiden; ständig seid ihr am Streiten. Dann hängt ihr aber trotzdem dauernd zusammen. Das kann doch keiner kapieren."

„Na und?", gab Lena zurück. „Geht es jemanden etwas an? So ist es halt und damit basta."

„Wir sind Freunde", sagte auch Louis. „Schon seit dem Kindergarten."

Und doch lagen sie sich nach einer Stunde schon wieder in den Haaren. Diesmal ging es um die Kostüme, die sie für die Theateraufführung basteln sollten. Lena würde eine Fee spielen, Louis einen Zwerg.

„He, Zwerg, gib mir doch mal die Schere", sagte Lena.

Louis warf ihr die Schere vor die Füße.

„He, pass doch auf!", rief Lena. „Beinahe hättest du meine neuen Schuhe kaputt gemacht."

„Ach, ich dachte, Feen laufen immer barfuß", stichelte Louis und widmete sich seinem Zwergenkostüm.

„Eigentlich bist du viel zu groß für einen Zwerg", sagte Lena nach einer Weile. „Sozusagen ein Riesenzwerg."

Louis schnaubte nur als Antwort. Doch als Lena sich von seinem Stoffstapel einen rosafarbenen Flicken holen wollte, zischte er: „Sind Feen nicht klein und zierlich? Praktisch durchsichtig?"

Lena gab ihm einen Stoß. „Du bist so bescheuert", rief sie und warf alle Stoffe auf ihn.

Louis zog Lena am Fuß, sodass sie das Gleichgewicht verlor und auf ihn fiel.

„Lena und Louis lieben sich", sang Vanessa und die ganze Klasse stimmte mit ein.

Mit hochrotem Kopf stieß Louis Lena von sich und sprang auf.

„Hast du ein Problem?", schrie er Vanessa an und stellte sich drohend vor sie.

„N… n… nein", stotterte sie und wandte sich ab.

„Dann lass uns in Ruhe", rief Louis. „Lasst uns alle in Ruhe."

Lena und Louis, die sich vorher noch auf dem Boden gewälzt hatten, klatschten zufrieden ab.

„Euch soll man noch verstehen", knurrte Vanessa und verzog sich mit ihrem Kostüm in ein Eck.

Alle widmeten sich wieder ihrer Aufgabe, doch die Ruhe dauerte nur ein paar Minuten.

„Du Idiot!", schrie Lena wütend. „Jetzt hast du mir ein Loch in den Ärmel geschnitten. Kannst du nicht aufpassen?"

„Pass doch selber auf, du dumme Nuss!", gab Louis nicht minder laut zurück. „Du sitzt mir ja auch permanent auf der Pelle."

Er schubste Lena, die sich dafür mit einem Fußtritt bedankte. Louis zog Lena an den Haaren, sie gab ihm dafür eine Ohrfeige, und kurze Zeit später lagen die beiden wieder auf dem Boden und rauften miteinander.

Vanessa lief hinaus, um Herrn Zimmermann zu holen.

„Was ist denn hier los?", dröhnte seine genervte Stimme kurze Zeit später. Er schnappte sich die beiden Streithähne und zog sie voneinander weg.

„Was ist hier los?", wiederholte er seine Frage.

Schwer schnaufend sahen sich die beiden an.

„Nichts", erwiderten sie gleichzeitig und grinsten.

„Immer müssen die beiden streiten", beklagte Vanessa sich bei Herrn Zimmermann.

„Halt du doch die Klappe", rief Lena und Louis ergänzte: „Du bist eine dämliche Petze." Zufrieden schauten sich Lena und Louis an und lachten.

◉ **Warum streiten sich Lena und Louis ständig?**

◉ **Warum bezeichnete Louis Vanessa als dämliche Petze?**

◉ **Oft ist es so: Wenn sich ein Junge und ein Mädchen besonders gut leiden können, ist der Umgang miteinander nicht immer einfach. Ist dir auch schon mal so etwas Ähnliches passiert? Erzähle davon, wie du dich verhalten hast.**

Sophie war sich sicher, dass Bianca etwas vor ihr verheimlichte. Erst neulich wieder: Sie wollte mit ihr zum Baden gehen, aber Bianca stammelte herum und sagte dann, sie müsse ihrer Mutter helfen. Und als Sophie wissen wollte, wobei, sagte sie nur kurz: im Garten.

Bianca hasste Gartenarbeit, es war also gelogen. Sophie beschloss herauszufinden, was mit Bianca los war.

Immerhin waren sie beste Freundinnen, und beste Freundinnen logen sich nicht an.

„Hast du Lust, Eis essen zu gehen?", fragte Sophie Bianca.

„Es ist so heiß, da könnten wir eine Abkühlung gebrauchen."

„Ja, klar", erwiderte Bianca, aber Sophie hörte genau, dass die übliche Begeisterung in ihrer Stimme fehlte.

„Was ist los mit dir?", wollte sie wissen. „Du verheimlichst mir doch was."

„Ach Quatsch, das bildest du dir doch nur ein", gab Bianca patzig zurück. „Ich hab dir schon hundert Mal gesagt, da ist nichts. Lass mich endlich damit in Ruhe." Sie sprang auf und lief davon.

„Bianca, warte doch mal", rief Sophie ihr hinterher, aber Bianca rannte einfach weg. „Blöde Kuh", schrie Sophie ihr nach. Bianca streckte ihr als Antwort nur die Zunge raus und rannte die Straße herunter.

„Also, das ist doch …", schnappte Sophie nach Luft. Sie kaufte sich ein Eis, das ihr jedoch bei dem Versuch, das Wechselgeld in den Geldbeutel zu schieben, auf den Boden fiel. „Verdammte Kacke!", brüllte Sophie und ignorierte die geschockten Gesichter der Erwachsenen.

Als sie an Biancas Haus vorbeikam, stand die Verandatür offen. Biancas Mutter war sicher im Garten, denn der war ihre große Leidenschaft.

Eigentlich wollte Sophie nur mal schauen, ob Bianca da war, denn der kleine Streit tat ihr schon wieder leid. Also ging sie ins Haus, um nach Bianca zu suchen. Als sie drinnen war, fiel ihr Blick auf Biancas Zimmertür mit dem Stoppschild. Sophie lauschte, aber es war nichts zu hören. Vorsichtig klopfte sie an die Tür. „Bianca, bist du da?" Keine Antwort.

Sophie öffnete die Tür, steckte den Kopf hindurch und vergewisserte sich, dass Bianca tatsächlich nicht da war. Dann schlüpfte sie in das Zimmer.

Sie wusste eigentlich gar nicht, was sie dort wollte. Sie kannte das Zimmer in- und auswendig, schließlich war sie seit Jahren praktisch täglich hier. Hier standen ihre Bücher, dort war der Computer, und unter der Schublade im Schreibtisch klebte der Schlüssel für das Tagebuch.

Sophie nahm den Schlüssel und holte Biancas Tagebuch unter der Matratze hervor. Minutenlang saß sie auf dem Bett und sah abwechselnd auf den winzigen Schlüssel und das Buch, dann seufzte sie tief und schloss das Tagebuch auf. Ein Foto fiel heraus und auf den Boden, mit dem Gesicht nach unten. Sophie hob es auf und schaute in Nicks Gesicht.

Nick? Ausgerechnet Nick, den Bianca angeblich so arrogant und bescheuert fand? Sophie war schockiert. Dann wurde sie wütend. Selbst wenn Bianca Nick plötzlich nicht mehr so blöd fand, hätte sie es ihr doch sagen können. Sie waren beste Freundinnen, die sagten sich alles! Was sollten jetzt auf einmal die Heimlichkeiten? Sophie ging zum Schreibtisch und holte die Schere. Genüsslich schnitt sie Nicks Foto durch.

„Was machst du da?" Bianca stand in der Tür und starrte Sophie an.

Trotz des großen Schrecks nahm Sophie die beiden Hälften des Fotos, legte sie übereinander und schnitt sie demonstrativ durch.

„Bist du bescheuert?" Bianca kam mit einem Satz zu ihr ans Bett, entriss ihr die Fotoschnipsel und gab ihr eine schallende Ohrfeige. „Bist du total übergeschnappt?", brüllte sie Sophie an.

„Du hast mich angelogen!", schrie Sophie zurück und hielt sich die brennende Wange. „Das tut eine Freundin nicht."

- **Kannst du Sophies Verhalten verstehen? Findest du es richtig, dass sie heimlich in Biancas Tagebuch geguckt hat?**

- **Was glaubst du, werden sich die beiden Mädchen wieder vertragen?**

- **Dürfen echte Freunde auch Geheimnisse voreinander haben? Wie siehst du das?**

„Frau Mühldorfer, Silvie schreibt von mir ab."
Ruckartig drehte sich die Klasse nach Conny um.
Einige zischten „Olle Petze", andere zeigten ihr einen Vogel.
Nur Silvie sagte nichts. Sie saß mit hochrotem Kopf neben Conny
und wartete auf die Reaktion der Lehrerin.
„Stimmt das, Silvie?", wollte Frau Mühldorfer wissen.
Silvie zuckte nur mit den Achseln. Es wäre vergebene Liebesmüh
gewesen zu sagen, dass nicht sie die Betrügerin war, sondern
Conny. Sie hatte mehr als einmal Conny dabei erwischt, wie sie
bei ihr abgeguckt hatte.
Es war ihr egal. Wenn Conny zu faul zum Lernen war, war das ihre
Sache. Sie, Silvie, hatte ein reines Gewissen. Aber ob das Frau
Mühldorfer auch glauben würde?

„Wir sprechen uns später", sagte die Lehrerin zu beiden Mädchen und setzte sie auseinander.

Nach dem Test rief sie die beiden zu sich. Conny begann sofort zu reden: „Es stimmt schon, Frau Mühldorfer. Sie müssen mir glauben. Silvie hat bei mir abgeschrieben."

„Ich glaube nur, was ich sehe", erwiderte die Lehrerin. „Und ich sehe, dass ihr bei sechs von zehn Aufgaben dieselbe Antwort gegeben habt. Vier davon sind falsch." Sie machte eine Pause. „Es ist also naheliegend, dass eine von der anderen abgeschrieben hat."

„Klar, das war Silvie", sagte Conny sofort.

„Da ich nicht weiß, wer bei wem abgeschrieben hat, werdet ihr beide den Test noch einmal schreiben."

Das ärgerte Silvie dann doch. „Aber wieso? Ich habe nichts getan!"

Doch Frau Mühldorfer ließ sich auf keine Diskussion ein.

Die beiden mussten nach dem Unterricht im Klassenzimmer bleiben.

„Wieso behauptest du, dass ich von dir abschreibe?", wollte Silvie wissen, während sie auf die Lehrerin warteten.

„Weil es stimmt", sagte Conny frech.

„Du spinnst ja", empörte sich Silvie. „Ich bin viel besser als du. Ich muss nicht abschreiben. – Schon gar nicht von dir!"

„Du willst es halt nicht zugeben", rief Conny. „Du hast nur so gute Noten, weil du dauernd von mir abschreibst."

„Pah!" Silvie zeigte Conny einen Vogel. „Bei dir würde ich nur falsche Antworten sehen. Ich bin doch nicht bescheuert!"

Die Mädchen waren gerade im Begriff, aufeinander loszugehen, als Frau Mühldorfer das Zimmer betrat und sie voneinander trennte.

„Benehmt euch wenigstens und führt euch nicht auf wie zwei Kampfhähne", sagte sie streng, setzte die beiden weit voneinander entfernt und gab ihnen einen neuen Test.

Silvie löste die Aufgaben schnell und sah zu, wie Conny auf ihrem Stift herumkaute und ein unglückliches Gesicht zog.

Zufrieden grinsend saß sie an ihrem Tisch. Das würde dieser Petze eine Lehre sein.

Als Frau Mühldorfer die Papiere eingesammelt hatte, verließ Silvie so schnell wie möglich das Zimmer. Doch Conny rannte hinter ihr her und schnappte sie am Jackenärmel.

„Hey, lass mich los", rief Silvie und versuchte, sich loszureißen. Doch Conny hielt sie eisern fest. „Erst gibst du zu, dass du abgeschrieben hast."

„Wieso sollte ich? Ich hab's ja nicht getan." Silvie schüttelte Connys Hand ab. „Aber du kannst es jetzt sagen. Die Strafe hast du ja bereits abgesessen." Sie grinste.

„Ich beschwere mich beim Rektor", fauchte Conny.

„Du bist und bleibst eine olle Petze!", gab Silvie böse zurück.

„Kein Wunder, dass dich keiner leiden mag. Wer will schon was mit einer Lügnerin zu tun haben?"

🔹 **Woher wusste die Lehrerin, dass eine von beiden abgeschrieben hat?**

🔹 **Was glaubst du, wer von beiden denn nun bei wem abgeschrieben hatte und warum?**

🔹 **Findest du, dass Silvie sich richtig verhalten hat? Was hättest du an ihrer Stelle getan?**

Du bist doch meine Freundin!

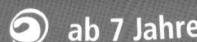 **ab 7 Jahre**

„**Z**itrone und Schoko", sagte Tessa und suchte die Münzen zusammen. Sie tauschte Geld gegen Eistüte und fuhr mit der Zunge über die kalte Köstlichkeit. Aaah, das war lecker! Sie machte dem Mann hinter ihr Platz und stellte sich unter den Sonnenschirm, um in Ruhe ihr Eis zu schlecken. Das Café war rappelvoll, die Menschen suchten den Schatten und tranken kalte Getränke, um sich abzukühlen.

Aber was war das? Tessas Blick blieb an einem vertrauten Pferdeschwanz hängen. War das tatsächlich Rieke? Und mit wem saß sie da am Tisch? Hatte sie sich womöglich doch mit Stefan … Nein, das war kein Junge, das war …

Tessa blieb die Luft weg. Das war ja Steffi! Was um alles in
der Welt hatte Rieke denn mit dieser blöden Kuh zu tun?
Im Schutz der Sonnenschirme und Bäume schlich Tessa sich
näher an den Tisch heran, doch sie hätte sich gar nicht so
bemühen müssen. Die beiden Mädchen achteten nicht auf
ihre Umwelt, sondern schienen sich königlich über etwas zu
amüsieren.
Unbewusst aß Tessa den Rest ihrer Eistüte, doch es schmeckte
alles nur noch fad. Rieke wusste ganz genau, dass sie Steffi
nicht ausstehen konnte; wie kam sie dazu, sich mit ihr zu treffen?
Ja, nicht nur zu treffen, sondern sogar mit ihr in die Eisdiele
zu gehen?
Atemlos beobachtete Tessa, wie Steffi Rieke mehrmals am Arm
anfasste, was Rieke immer wieder zum Kichern veranlasste.
Tessa wandte sich ab. Na, die konnte was erleben!
„Lass mich bloß in Ruhe!", fauchte Tessa, als Rieke ihr am
nächsten Morgen etwas erzählen wollte.
„Was ist denn mit dir los?", wunderte Rieke sich.
„Das fragst du noch?" Tessa wirkte sehr wütend.
„Denk mal an gestern."
Gestern? Rieke überlegte, was sie am Tag zuvor wohl angestellt
haben mochte, aber ihr fiel absolut nichts ein.
Sie zuckte mit den Achseln.
„Keine Ahnung, was mit dir los ist", sagte sie.
„Ich dachte, wir sind Freundinnen", erwiderte Tessa.
„Und dann treibst du dich mit dieser blöden Kuh herum."
Plötzlich ging Rieke ein Licht auf. „Ach, du meinst Steffi!"
Sie lachte. „Die ist eigentlich ganz nett", fügte sie noch hinzu.
„Ach ja?" Tessa war jetzt den Tränen nahe.
„Dann heirate sie doch gleich!"
Rieke legte die Stirn in Falten. „Spinnst du jetzt?
Nur, weil ich mich mit ihr getroffen habe, um das Tanzprojekt
für den Elternabend nächste Woche zu besprechen, musst du
nicht gleich so ausrasten."
Tanzprojekt? Tessa zögerte. Stimmt, das hatte Rieke ihr erzählt.

Aber musste sie mit Steffi ausgerechnet in die Eisdiele gehen?
In ihre Eisdiele?

„Du weißt doch, dass ich sie nicht ausstehen kann", zischte sie.

„Was hast du nur gegen sie?", wollte Rieke wissen.

„Ich finde sie wirklich nett. Man kann herrlich mit ihr herumblödeln."

„Dann kannst du ja in Zukunft immer mit ihr herumblödeln!",
rief Tessa beleidigt und wandte sich ab.

Rieke ging ihr nach und hielt Tessa am T-Shirt fest.

„Hey, ich bin doch immer noch deine Freundin."

„Nein, bist du nicht", schnauzte Tessa zurück.

„Du hast mich verraten."

Rieke war verblüfft. Das war ja wohl eine absolut bescheuerte
Reaktion!

„Dann lass es doch bleiben", rief sie Tessa böse hinterher.

„Und überhaupt: Mit Steffi hat man viel mehr Spaß!"

◉ **Was machte Tessa so wütend?**

◉ **Hast du dich auch schon mal mit jemandem
um eine Freundin oder einen Freund gestritten?
Wie hast du diesen Streit erlebt?**

◉ **Was glaubst du, wie die Geschichte weitergehen
wird? Werden sich die beiden wieder vertragen?**

„**M**arie, räum endlich dein Zimmer auf!", rief Mama. „Nimm dir ein Beispiel an Leo."

„Schleimer", flüsterte Marie ihrem Bruder zu, der ihr nur die Zunge rausstreckte.

„Du weißt, was passiert, wenn du dein Zimmer nicht bis heute Abend aufräumst", warnte die Mutter, als sie ins Zimmer kam, wo die beiden Geschwister ihre Hausaufgaben machten.

„Ja, ja", brummte Marie und starrte in ihr Deutschbuch. „Ich mach's ja schon." Sie hatte es auch wirklich vor, denn schließlich wollte sie die neue Folge der aktuellen Castingserie nicht verpassen. Doch dann rief Betsy an und dann gab es schon Abendessen.

„Hast du dein Zimmer aufgeräumt?", wollte jetzt auch Papa wissen.

„Ja, klar", log Marie.

„Ist doch gar nicht wahr", sagte Leo. „Du hast den ganzen Nachmittag telefoniert."

„Und du bist eine blöde Petze!", rief Marie empört. Sie wusste nicht, warum Leo in letzter Zeit ziemlich ekelhaft zu ihr war. Sie hatte ihm nichts getan.

„Du weißt, was das bedeutet", sagte Papa. „Fernsehverbot für heute und morgen."

„Das ist nicht fair", jammerte Marie und kämpfte mit den Tränen. Ausgerechnet heute würde sich entscheiden, ob Susanna den Sprung in die nächste Runde schaffen würde. Susanna war Maries Vorbild, denn sie wollte auch Ballerina werden. Sie musste diese Folge einfach sehen!

Doch alles Betteln half nichts: Die Eltern blieben hart.

Leo feixte hinter deren Rücken.

„Du bist der gemeinste Mensch, der mir je begegnet ist", zischte Marie. „Ich hasse dich."

Heulend lief sie in ihr Zimmer und begann, alle Sachen, die sie eigentlich aufräumen sollte, in eine Ecke zu werfen. Die konnten sie doch alle mal …

Sehnsüchtig lauschte sie an der Tür, ob sie vielleicht durch Musik oder Gespräche herausfinden würde, was geschah.

Doch offensichtlich war die Wohnzimmertür zu, denn es drang kaum ein Laut in ihr Zimmer. Wütend knallte Marie ihre Schranktür auf und zu, aber das half wenig gegen den Ärger.

Doch dann hatte sie eine Idee …

Am nächsten Morgen redete sie kein Wort mit dem Rest der Familie und ging, ohne Tschüss zu sagen, aus dem Haus. Während der Busfahrt beklagte sie sich bei Betsy über ihren bescheuerten Bruder.

„Ich hasse diesen Typen", sagte Marie. „Er war mal so niedlich, aber seit Kurzem ist er ein richtiger Idiot und eine Petze sowieso!"

Betsy war ein Einzelkind und konnte die ewigen Streitereien der beiden nicht nachvollziehen. Leider war sie auch nicht an Maries Lieblingsserie interessiert, sodass auch sie ihr nicht sagen konnte, was in der letzten Folge geschehen war.

Marie brütete gerade über einer kniffligen Aufgabe in Deutsch, als Frau Wagner, die Sekretärin, hereinkam. Sie flüsterte mit Herrn Rollner, dann sagte dieser: „Marie, Frau Albrecht will dich sehen." Erstaunt erhob sich Marie und ging nach vorne. Frau Wagner zog ein besorgtes Gesicht.

„Ist was passiert?", wollte Marie wissen, doch Frau Wagner schob sie nur vor sich her zum Zimmer hinaus. „Die Direktorin wird dir alles sagen."

Marie bekam es mit der Angst zu tun. Hatte das hier etwas mit ihrem – zugegeben gemeinen – Scherz von heute morgen zu tun?

„Hallo Marie, setz dich bitte", sagte Frau Albrecht.

Marie setzte sich. Ihr Herz klopfte bis zum Halse.

„Ich muss dir leider mitteilen, dass dein Bruder Leo mit dem Fahrrad einen schweren Unfall hatte", sagte die Direktorin.

„Die Bremsen haben nicht funktioniert." Die Direktorin legte eine Hand auf Maries Schulter. „Er liegt im Krankenhaus, aber trotz seiner schweren Verletzungen geht es ihm gut."

Marie erschrak. Das hatte sie nicht gewollt. Wie hätte sie auch ahnen können, dass Leo mit dem Rad zur Schule fahren würde, als sie den dünnen Draht an seinem Rad durchgezwickt hatte?

◉ **Warum ärgert sich Marie besonders über das Fernsehverbot?**

◉ **Kannst du Maries Wut auf ihren Bruder verstehen? Was hältst du von der Racheaktion mit den durchgeschnittenen Bremsleitungen?**

◉ **Wie könnte die Geschichte weitergehen? Wie wird sich Marie nun gegenüber Leo verhalten?**

Denen wird das Feiern noch vergehen!

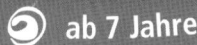 ab 7 Jahre

Wie konnte Lea es wagen, sie nicht einzuladen!
Dabei hatte Natalie schon ein Geschenk gekauft.
Zornig öffnete sie die CD und zerkratzte sie mit der Schere.
Die würde keiner mehr anhören, schon gar nicht Lea.
Das Gerede der anderen über die Party war nicht mehr aus-
zuhalten. Natalie schloss sich auf dem Klo ein und heulte.
„Hast du das auch gehört?", flüsterte es vor der Tür.
„Lea hat auch Jungs eingeladen."
Hysterisches Kichern war zu hören.
Natalie trocknete ihre Tränen und lauschte.

Das waren doch Yvonne und Gabi. Sie verdrehte die Augen.
Diese albernen Gänse. Sie seufzte. Vermutlich war es besser,
dass sie nicht zu der Feier ging. Sie konnte mit den anderen
Mädchen sowieso nichts anfangen. Aber es ging nun mal ums
Prinzip.

„Na ja, du weißt ja, Leas Eltern sind stinkreich", sagte Gabi.
„Die machen da ein furchtbares Tamtam um den Geburtstag
ihrer einzigen Tochter."
Natalie musste wider Willen grinsen, denn Gabi imitierte bei
den letzten Worten Leas Mutter. Die hatte eine furchtbar hohe
und gekünstelte Stimme.

Natalie verhielt sich ganz ruhig, denn sie hoffte, die beiden
Mädchen würden noch länger reden. Vielleicht fiel ihr ja etwas ein,
wie sie sich rächen könnte. Denn dass sie sich rächen würde,
war klar.

„Aber das mit dem Clown finde ich dann doch ziemlich albern",
sagte Yvonne. „Wir sind doch keine Kinder mehr."
Natalie nickte zustimmend. Clowns waren etwas für den
Kindergarten.

„Ich freue mich schon auf das tolle Essen", ließ sich Gabi ver-
nehmen.

„Ich habe gehört, dass es wieder diese superleckeren Torten gibt",
sagte Yvonne schwärmerisch. Eine Tür klappte und es wurde still.
Die beiden Mädchen hatten offensichtlich die Toilette verlassen.
Torten? Natalie grinste. Die kamen sicher vom teuersten Bäcker
der Stadt. Sie hatte eine Idee.

Der Tag der Feier war da. Natalie schlich sich zum Haus von Lea.
Es herrschte perfektes Geburtstagswetter und der riesige Garten
war festlich geschmückt. Lea lief in einem schicken Kleid herum
und nahm Geschenke entgegen. Die Gäste drängten sich um das
Geburtstagskind, aufgeregtes Geschnatter lag in der Luft.
Natalie schnaubte wütend.

Schwarz-weiß gekleidetes Personal ging herum und bot Essen
und Getränke an. Natalie suchte Leas Eltern und entdeckte sie
ebenfalls im Garten. Die Luft war rein.

Dennoch vergewisserte sie sich, dass das Haus wirklich leer war. Dann schlich sie sich in die Küche. Die Kuchen und Torten standen in Reih und Glied auf der Anrichte, geschützt durch Plastikhauben.

Natalie zögerte noch einen Moment, dann hob sie die erste Haube. Hmm, Himbeertorte. Sie steckte den Finger hinein und naschte ein großes Stück davon. Dann holte sie ein Päckchen aus ihrem Rucksack. Großzügig bestreute sie die Torte und beobachtete zufrieden, wie das weiße Pulver sich auf der feuchten Oberfläche auflöste.

Nach und nach bestreute Natalie alle Kuchen und Torten, nicht ohne vorher davon gekostet zu haben.

Sie wollte wenigstens etwas von Leas Feier haben. Am besten schmeckte die Schoko-Bananen-Torte, und fast tat es Natalie ein bisschen leid, sie ebenfalls bestreuen zu müssen.

Aber sie hatte nun mal beschlossen, sich zu rächen. Und das klappte nur, wenn sie den Plan komplett durchführte.

Als ihr Werk vollendet war, trat sie zurück und lachte zufrieden. Sie hatte Leas Geburtstag gründlich versalzen.

➔ **Was war so besonders an Leas Geburtstag? Warum haben sich die Mädchen so ausführlich darüber unterhalten?**

➔ **Kannst du Natalies Enttäuschung verstehen? Wie hättest du dich an ihrer Stelle verhalten?**

➔ **Wie könnte die Geschichte weitergehen? Wird es herauskommen, dass Natalie die Torten versalzen hat?**

Dorothee war sehr verunsichert, aber Laura blieb dabei:
„Wir waren nicht sehr nett zu dir", sagte sie und grinste
verlegen. „Deshalb wollten wir dich zu unserem Geheimversteck
mitnehmen. – Das zeigen wir nicht jedem", fügte sie hinzu.
Auch wenn Laura plötzlich so nett war – Dorothee blieb skeptisch.
Da steckte doch sicher wieder etwas Gemeines dahinter.
Dennoch stimmte sie schließlich zu.
Treffpunkt war die Kreuzung, wo die kleine Straße zum Kollerwald
führte. Den betrat normalerweise niemand freiwillig, denn dort
war vor vielen Jahren etwas sehr Schlimmes passiert.
Nicht einmal die Erwachsenen redeten darüber.

Laura und Robert begrüßten Dorothee mit einem fröhlichen Hallo.
Obwohl sie immer noch ein komisches Gefühl hatte, überwog bei
Dorothee die Freude darüber, dass die beiden sie jetzt endlich
akzeptiert hatten.

Sie liefen tief in den Wald hinein, der immer dunkler und dichter
wurde.

„Ihr findet doch wieder hinaus, oder?", wollte Dorothee wissen.

„Na klar", beruhigte Laura sie, während Robert spöttisch fragte:
„Hast du etwa Angst?"

Dorothee schüttelte den Kopf, auch wenn ihr die düstere
Atmosphäre des Waldes nicht geheuer vorkam.

„Wir sind gleich da", sagte Laura. „Es ist da vorne."

Sie deutete auf eine Lichtung. Dorothee atmete erleichtert auf.

„Ich muss mal", sagte Robert und grinste verlegen.
„Geht schon mal vor."

„Jungs!" Laura schnitt eine Grimasse und zog Dorothee mit sich.
„Komm, ich zeig dir unsere Höhle."

Sie folgten einem kaum sichtbaren Trampelpfad.

„Hier kommt selten jemand her", erklärte Laura, „deswegen
ist es das perfekte Versteck."

Dorothee fragte sich, ob sie sich wirklich durch dichtes,
teilweise dorniges Gebüsch kämpfen mussten, wo doch
der Wald ein paar Meter weiter sehr viel lichter zu sein schien.
Aber vermutlich gehörte das zum Abenteuer, und das wollte sie
keinesfalls verderben.

„Ach Mist", sagte Laura. „Mein Schuh ist offen." Sie ging in die
Hocke und nestelte an dem Schnürsenkel herum. „Geh schon
mal vor, es sind nur noch ein paar Meter", sagte sie. „Du kannst
es kaum verfehlen."

Dorothee wäre lieber bei Laura geblieben, aber sie hatte Angst,
als feige zu gelten. Sie kämpfte sich durch einen besonders
dichten Busch, aber dahinter war auch nur wieder dunkler Wald.
Sie wandte sich um, konnte aber Laura nicht sehen.

Sie sitzt nur hinterm Busch, sagte Dorothee sich und bog ein paar
dickere Zweige auseinander. Doch von Laura gab es keine Spur.

Panisch drehte sie sich zwei Mal um die eigene Achse. Hatte sie den falschen Busch erwischt? Aber sie war genau aus dieser Richtung gekommen, dessen war sie sich sicher.

„Laura?", rief sie und lauschte angestrengt. Es war absolut nichts zu hören. Vorsichtig ging Dorothee den Weg zurück, den sie hergekommen war. Zumindest glaubte sie, dass es der richtige Weg war. Ihr war mittlerweile klar geworden, dass die anderen sie mit Absicht in den Wald gelockt hatten.

„Laura? Robert?", rief sie noch einmal, aber der Wald schien jeden Laut zu verschlucken. Dorothee kämpfte mit den Tränen.

Da! War da nicht ein Knacksen gewesen? Dorothee fuhr herum, konnte aber nichts sehen. Aber sie war sich sicher, dass die beiden sie beobachteten.

„Ihr seid bescheuert!", rief sie. „Ich hab keine Angst!" Ihre Knie schlotterten.

Entfernt war so etwas wie Kichern zu hören. Dann knackste es wieder und Lauras Stimme ertönte: „Das wird dir eine Lehre sein, andere beim Hausmeister zu verpfeifen, du blöde Ziege."

- ⟩ **Warum trauten sich die Kinder normalerweise nicht in den Kollerwald?**

- ⟩ **Kannst du die Wut von Laura und Robert auf Dorothee verstehen? Ist das nur ein harmloser Scherz oder eine fiese Gemeinheit?**

- ⟩ **Wie könnte die Geschichte weitergehen? Wer müsste sich deiner Meinung nach bei wem entschuldigen?**

Jennie fühlte, wie ihr das Blut in den Kopf schoss. Das Atmen fiel ihr zunehmend schwer, die Hände waren schweißnass, die Arme schwer wie Blei. Lange würde sie nicht mehr durchhalten. Dabei waren es mindestens noch zwei Meter bis zum blauen Knoten. Schließlich hatte sie keine Kraft mehr und rutschte am Seil entlang hinunter.

„Schau dir den Mehlsack an", hörte sie es hinter sich flüstern. Das war sicher Selina.

„Kinder, seid bitte ruhig", mahnte Frau Rottner. „Nicht schlecht, Jennie, immerhin ein bisschen höher als beim letzten Mal."

„Ja, zwei Millimeter", sagte Selina laut genug, dass es alle hörten. Einige der Mädchen kicherten.

„Selina, halt dich zurück", sagte Frau Rottner drohend.

„Du bist die Nächste."

Jennie lächelte die Sportlehrerin dankbar an und stellte sich zurück in die Reihe.

Natürlich erreichte Selina den blauen Knoten in Rekordzeit und natürlich applaudierten die blöden Gänse aus ihrer Clique.

Jennie biss sich auf die Unterlippe. Sie hasste Sport sowieso, aber ganz besonders hasste sie das Klettern am Seil. Ihr war klar, dass sie in diesem Fach keine besonders gute Figur machte.

Wider Willen musste Jennie grinsen. Als ob sie jemals eine gute Figur machen würde!

„Du bist in Mathe gut und in Deutsch", versuchte ihre Mutter sie immer zu trösten, aber was half das, wenn die anderen sie nur auslachten und verspotteten, weil sie zu dick war?

Die anderen, das waren vor allem Selina und ihre Clique.

Klar, Selina mit ihrer tollen Figur, den noch tolleren Klamotten und den langen, blonden Haaren war schon schön anzusehen.

Das war aber auch schon alles, was man Gutes über sie sagen konnte. Sie war ein hinterhältiges Biest, das einem das Leben zur Hölle machen konnte, doch die Lehrer nahmen ihr den unschuldigen Blick immer wieder ab.

„Nächste Woche ist wieder Schwimmtraining. Bringt eure Schwimmsachen mit", sagte Frau Rottner zum Abschied.

„Na, da hast du's ja gut", sagte Selina zu Jennie auf dem Weg in die Umkleide. „Da gehst du nicht unter. – Fett schwimmt ja bekanntlich oben."

Sie prustete los, und nach einer Weile stimmten die anderen mit ein.

Jennie kämpfte mit den Tränen. Doch dann packte sie die Wut. Sie schnappte sich Selinas langen Zopf und zog kräftig daran.

„Hey, spinnst du?"

Doch Jennie ließ nicht los. Sie griff auch noch nach Selinas schickem T-Shirt.

„Du blöde Kuh", schrie Selina. „Das gehört meiner Mutter und hat 80 Euro gekostet!" Sie versuchte, sich loszureißen, und

als das nicht gelang, gab sie Jennie eine schallende Ohrfeige.
In diesem Moment kam Frau Rottner in den Umkleideraum.
„Was ist denn hier los?", fragte sie entsetzt und trennte die
beiden Streithähne.
Selina setzte sofort ihr typisches Ich-bin-die bravste-Schülerin-
Gesicht auf, deutete auf Jennie und sagte: „Sie hat angefangen."
„Stimmt das?" Frau Rottner wandte sich erstaunt an Jennie.
Diese wusste nicht, was sie tun oder sagen sollte.
Natürlich hatte sie Selina zuerst an den Haaren gezogen. Aber
diese verfolgte sie seit Monaten mit ihren bösartigen Sprüchen.
„Jennie? Ich warte", sagte Frau Rottner ungeduldig.
Jennie zuckte mit den Achseln. „Ja und nein", sagte sie
schließlich.
„Du blöde Kuh", giftete Selina, und nur weil Frau Rottner
zwischen ihnen stand, konnte sie Jennie nichts anhaben.
Als Jennie nach der großen Pause zum Klassenzimmer
zurückging, fiel ihr Selinas pinkfarbener Mantel auf. Auch er sah
sehr teuer aus. Jennie überlegte kurz, ging ins Zimmer und holte
eine Schere aus ihrem Federmäppchen. Das würde Selina ein
Denkzettel sein!

- ⦾ **Welches Training sollte nächste
  Woche stattfinden, worauf Jennie
  überhaupt keine Lust hatte?**

- ⦾ **Wie hätte Jennie anders reagieren können,
  außer Selina direkt an den Haaren zu ziehen?**

- ⦾ **Meinst du, dass Jennie eine Chance hat,
  eines Tages Mitglied von Selinas Clique
  zu werden? Was müsste sie dafür tun?
  Wäre das überhaupt gut für sie?**

Streber dürfen hier nicht mitspielen!

ab 7 Jahre

Es war allen klar, dass Anna beim Aufsatz als Beste abschneiden würde. Es gab nur eine Eins, und die hatte Anna.
„Blöde Streberin", hörte sie die anderen flüstern, während Frau Sammat die Texte zurückgab.
Pah, dachte sich Anna. *Die sind doch selbst schuld.*
Sollen sie sich doch anstrengen.
„Anna, willst du deine Geschichte vorlesen?", fragte Frau Sammat.
„Natürlich, gerne", sagte Anna.
Achtundzwanzig betont gelangweilte Gesichter starrten ihr entgegen. Anna atmete tief durch und begann zu lesen.
Plötzlich gongte es und Frau Sammat sagte: „Wirklich eine sehr schöne Geschichte, Anna", obwohl sie noch gar nicht fertig war.
Irritiert blieb Anna neben dem Pult stehen, während die Klasse hinausstürmte.

„Das nächste Mal darfst du alles vorlesen", sagte Frau Sammat
tröstend.

Anna sagte nichts und ging ebenfalls in die große Pause.

„Da kommt ja unser großes Vorbild", spottete Jonas.

„Ach, lasst sie doch", meinte Cora abschätzig. „Sie ist nun mal
eine Streberin, die nur ihre Bücher kennt. Lasst uns Fußball
spielen."

Sie ließen Anna stehen und rannten lachend davon. Anna schaute
ihnen sehnsüchtig nach. Sie hätte auch gerne mitgespielt, aber
bisher hatte sie noch nie jemand gefragt. Im Gegenteil: Das
einzige Mal, als sie gewagt hatte, selbst zu fragen, hatte Jonas
abwertend geantwortet: „Streber dürfen hier nicht mitspielen.
Hast du sonst keine Freunde?"

Anne seufzte und wandte sich ab. Nun, am Ende würden die
anderen dumm dastehen, denn nur, wer lernte, hatte Erfolg.
Ihre Mutter sagte ihr das immer und immer wieder.

„Hallo Anna." Franzi stand vor ihr. „Kannst du mir eventuell mal
deine Mathehausaufgaben zeigen?" Franzi scharrte mit den
Füßen im Kies herum. „Ich bin gestern nicht dazugekommen."

Anna zögerte. Sie wusste, dass Franzi sich um ihre kleine
Schwester kümmern musste, weil beide Eltern arbeiteten.

Sie hatte es sicher nicht leicht. Dennoch … Wie sagte ihre Mutter
immer? Wo ein Wille ist, ist auch ein Weg.

Sie schüttelte den Kopf. „Nee, ich geb sie dir nicht. Du hättest sie
ja heute Morgen selbst machen können."

Franzi schaute sie traurig an. „Du weißt, dass ich das nicht
schaffe. Ich muss für alle das Frühstück vorbereiten, die Betten
machen und die Kleine zum Kindergarten bringen."

„Dann steh halt noch früher auf", erwiderte Anna schnippisch.

„Du hast ja keine Ahnung!", rief Franzi. „Kein Wunder, dass du
keine Freunde hast. Du bist nicht nur eine Streberin, sondern
auch eine blöde Zimtzicke."

„Was willst du denn mit der?", fragte Cora, die vom Fußballspielen
zurückgekommen war. „Sie wird dir nie helfen", sagte sie und
spuckte Anna vor die Füße. Dann zog sie Franzi am Ärmel weg.

Anna war schockiert. Sie hatte sich daran gewöhnt, dass die anderen sie als Streberin bezeichneten. Aber das war etwas anderes. Hätte sie Franzi ihr Matheheft geben sollen?

Nein. Anna schüttelte den Kopf.

In der nächsten Stunde hatten sie Annas Lieblingsfach Musik. Herr Millar hatte sie gebeten, etwas auf der Flöte vorzuspielen. Vielleicht konnte sie die anderen dadurch etwas versöhnen? Doch die Reaktionen auf ihr Spiel waren sehr zurückhaltend. Einzig der Musiklehrer zeigte sich begeistert.

Hoch erhobenen Hauptes kehrte Anna in das Klassenzimmer zurück. Jetzt kam Mathe.

„Ich sammle heute eure Hefte ein", sagte Frau Sammat.

Alle stöhnten, nur Anna griff mit einem Lächeln des Triumphes in ihren Schulranzen. Doch was war das?

Sie zog die Hand heraus und hielt unzählige Papierschnitzel in der Hand. Fassungslos hielt sie die Tasche hoch und kippte sie auf den Tisch. Die kleinen Schnipsel, die herausflatterten, waren einmal ihre Hefte gewesen.

- ⟳ **Wobei hätte Anna gerne auf dem Schulhof mitgespielt?**

- ⟳ **Kannst du Annas Verhalten gegenüber Franzi verstehen, dass sie ihr nicht die Hausaufgaben zeigen wollte?**

- ⟳ **Wie könnte die Geschichte weitergehen? Wird Anna herausfinden, wer ihr Heft zerrissen hat? Wie müsste sich Anna verhalten, um echte Freunde zu finden?**

Viktor wäre Mario am liebsten um den Hals gefallen, als er ihn für seine Mannschaft auswählte. Es war das erste Mal, dass Viktor mitspielen durfte. Endlich durfte er den anderen zeigen, was er so drauf hatte.

Doch die Freude währte nur kurz, denn Viktor kam kaum an den Ball. Wann immer er günstig stand und den anderen zurief: „Hierher, schieß ihn hierher!", hörten sie ihn nicht. Oder wollten sie nicht hören? Aber warum hatte Mario ihn dann ausgewählt?

Als sie hierher gezogen waren, hatte sein Vater ihm gesagt, dass es ganz in der Nähe einen sehr guten Fußballverein gebe. Viktor ging sofort mit seinem Vater hin und meldete sich an. Doch es dauerte lange, bis er aufgenommen wurde. Angeblich waren alle Gruppen voll.

Aber Viktor war sich sicher, dass es daran lag, dass er einen Buckel hatte. Den Buckel hatte er schon als Baby gehabt, man konnte nichts dagegen tun. Er hatte sich daran gewöhnt und der Buckel gehörte zu ihm wie seine Arme oder seine Beine. Aber viele andere Menschen konnten das offenbar nicht akzeptieren. Dann kam Mario und sagte ihm, er könne in sein Team einsteigen, ein anderer Junge habe sich das Bein gebrochen. Viktor musste acht Wochen warten, bis Mario ihn mitspielen ließ, und als er es endlich tat, konnte Viktor dennoch nicht zeigen, welch guter Fußballer er war. Trotz Buckel.

Viktor duschte ein bisschen länger, um seinen Frust und seine Enttäuschung wegzuwaschen. Als er in die Umkleide zurückging, hörte er Mario und einen anderen Jungen miteinander flüstern. Viktor schlich sich an, um zu lauschen.

„Warum lässt du den Krüppel überhaupt mitspielen? Der behindert uns doch nur."

„Der Trainer hat es von mir verlangt. Glaubst du vielleicht, ich würde so einen Buckligen freiwillig ins Team nehmen?", erwiderte Mario. „Ich hoffe nur, dass er bald wieder aufgibt, wenn er merkt, dass wir ihn nicht haben wollen."

Viktor hörte deutlich die Verachtung in Marios Stimme.

„Falls nicht, fällt mir schon was ein", sagte der andere Junge und lachte dreckig.

Erst war Viktor traurig und er beschloss, das Fußballspielen aufzugeben. Es machte einfach keinen Spaß, wenn keiner ihn im Team haben wollte.

Es war doch das Zusammenspielen mit den anderen, das den Sport so besonders machte.

Doch am nächsten Tag war die Trauer einer großen Portion Wut gewichen. Denen würde er es zeigen!

Zwei Tage später war wieder Training, danach wie immer ein Spiel. Viktor strengte sich beim Training besonders an, und tatsächlich wählte Mario ihn auch diesmal in sein Team.

Eigentlich hatte Viktor geplant, den Ball zu ergattern und dann im Alleingang ein Tor zu schießen. Er kannte die Schwächen der Gegner gut genug, um sie auszutricksen. Doch dann kam ihm Mario in die Quere.

„Na, Buckliger?", rief er ihm so leise zu, dass die anderen es nicht hören konnten. „Wann gibst du endlich auf?" Dabei nahm er ihm den Ball ab und dribbelte Richtung Tor.

Da sah Viktor rot. Er rannte hinter Mario her und versuchte, ihm den Ball wieder abzunehmen.

„Hey, ihr seid im selben Team", rief der Trainer, aber die beiden hörten nicht auf ihn.

Mario dribbelte geschickt um einen Gegner herum.

Doch Viktor war schneller als Mario. Er legte einen Zahn zu und war kurz darauf gleichauf mit ihm. Gerade als Mario sich den Ball für den Torschuss zurecht legte, streckte Viktor das rechte Bein vor und grätschte ihm in die Waden.

Mario knickte mit einem Schmerzensschrei ein und ging zu Boden. Viktor beachtete ihn nicht, sondern schnappte sich den Ball, umdribbelte den verwirrten Torwart und schoss ein perfektes Tor.

Jubelnd hob er die Faust. Rache war süß!

- ☻ Warum hatte Mario Viktor überhaupt mitspielen lassen?

- ☻ Hast du auch schon mal erlebt, dass Kinder wegen einer Behinderung ausgeschlossen wurden? Erzähle davon.

- ☻ Wie könnte die Geschichte weitergehen? Werden sich die anderen Teamkameraden über Viktors Tor freuen?

„**A**ua!" Sandra taumelte zurück und hielt sich die Backe.
„Das hat weh getan!", schrie sie Kevin wütend zu.
Der zuckte nur mit den Achseln und wandte sich ab.
„Sandra, du bist raus", rief Moni ihr zu.
„Ja, ja, immer mit der Ruhe", brummte Sandra und verließ das
Spielfeld. Während sie den anderen zusah, fragte sie sich, was
mit Kevin los war. Eigentlich war er ein netter Kerl, aber gerade
hatte er sich wie ein Rüpel aufgeführt. Sie war sich sicher, dass
er den Ball auf sie mit Absicht besonders hart geworfen hatte.
Sie nahm sich vor, nach dem Sport mit Kevin zu reden.
Aber der rannte gleich nach dem Spiel in die Umkleidekabine.

Doch Sandra ließ nicht locker. Nach der Schule wartete sie auf
ihn. Als er das Gebäude verließ, trat sie auf ihn zu und sagte:
„Was ist los? Was hab ich dir getan?"
Kevin tat verwundert. „Was meinst du?"
„Heute, beim Völkerball. Du hast mit Absicht so hart geworfen."
„Ach Quatsch, das bildest du dir nur ein. Völkerball ist halt nichts
für Mädchen." Er zappelte herum und schaute dauernd auf
die Uhr.
„Hast du einen Termin?", spottete Sandra, erkannte aber sofort,
dass es ein Fehler war, das zu sagen. Denn Kevin wirkte plötzlich
erleichtert und sagte: „Ja, klar, ich muss zum Zahnarzt. Tschüss
dann." Er rannte davon.
„Tschüss", murmelte Sandra und schaute ihm nach. Komisch,
er hatte sie nur ganz kurz angeschaut und dann immer nur auf
den Boden oder in die Luft. Oder eben auf seine Uhr. Irgendetwas
stimmte nicht.
Am nächsten Morgen saß Kevin mit seinen Freunden bereits im
Bus, als Sandra einstieg.
„Hallo", sagte sie vor allem zu Kevin, woraufhin die anderen Jungs
laut losprusten mussten. Kevin wurde rot und wandte sich ab.
Sandra setzte sich weiter hinten zu Anne und meinte: „Hast du
eine Ahnung, was mit Kevin los ist? Er ist so komisch."
Anne wusste nichts und meinte nur: „Was willst du denn mit dem?
Der ist ja wohl nur doof. Allein, wie er dich gestern beim Völkerball
fertiggemacht hat."
Sandra war einerseits froh, dass andere es wohl auch gesehen
hatten, andererseits aber traurig, weil sie nicht wusste, was Kevin
plötzlich gegen sie hatte. Dabei hatten sie doch neulich noch
gemeinsam für den Mathetest gebüffelt. Mit einer Engelsgeduld
hatte er ihr alles erklärt. Und sie hatte schon gedacht, er könne
Interesse an ihr haben. Da hatte sie sich wohl getäuscht.
„Du hast recht", sagte sie zu Anne. „Er ist bescheuert."
Beim Aussteigen gelangte Sandra zufällig vor Kevin an die Tür.
„Heh, mach mal Platz. Vordrängeln is nich!", sagte er und rempelte Sandra an, dass sie stolperte und die Stufen hinunterfiel.

„Verdammt, du Idiot!", rief sie. Anne half ihr hoch. Sandra humpelte vom Bus weg und wandte sich zu Kevin um. Der hatte einen erschrockenen Gesichtsausdruck, doch als seine Freunde anfingen zu singen: „Kevin ist verliehibt", wechselte seine Miene. „So ein Quatsch!", antwortete er mit gespielter Empörung.

Anne besah sich Sandras Knie, das zum Glück nur eine Schramme abbekommen hatte. Als die Jungs an ihnen vorbeigingen, machten sie blöde Bemerkungen und lachten. Sandras Blick fiel auf Kevin. Sein Lachen sah eher gequält aus. Aber er lachte.

„Geht's?", wollte er dennoch wissen.

„Lass mich bloß in Frieden!", fauchte Sandra ihn an.

Da wandte er sich schnell ab und lief den anderen hinterher.

„Jetzt ist mir alles klar", sagte Anne und lachte. Sandra starrte sie mit offenem Mund an.

„Was?", fragte sie, aber Anne lachte nur.

● **Wie hatte Kevin reagiert, als Sandra ihn auf sein unfaires Verhalten beim Völkerballspiel angesprochen hat?**

● **Warum ist Kevin so ruppig zu Sandra, obwohl er sie doch nett findet?**

● **Wie sollte sich Kevin verhalten, wenn er Sandra das nächste Mal wiedersieht?**

Na, du hast wohl doch Angst!

ab 8 Jahre

„**D**u traust dich doch eh nicht!", rief Fiona und lachte. Dann sprang sie auf ihr Skateboard und düste davon. Mit einem eleganten Sprung über ein rot-weißes Verkehrshütchen beendete sie ihre Fahrt.

Mark starrte ihr nach. Musste er sich das von einem Mädchen gefallen lassen? Er gab seinem Board einen Schubs und fuhr hinter Fiona her. Einfach so vor sich hinfahren war kein Problem, aber ein Rennen? Noch dazu auf der Straße, mitten im Verkehr? Das war doch ziemlich gefährlich. Aber wenn er nicht mitmachte, würde Fiona ihn wieder als Weichei und Schlappschwanz bezeichnen.

Mark schoss auf das Hütchen zu, sprang hoch und landete sicher auf seinem Board. Er konnte fahren, wo war das Problem?

Fiona stand gähnend da. „Und?", fragte sie. „Hast du's dir überlegt?"

Mark nickte. „Klar. Von einem Mädchen lass ich mir nichts vormachen", sagte er bissig. „Wann und wo?"

Fiona grinste. „Morgen um drei an der Wallstraßenkreuzung."

Mark schluckte. Damit hatte er nicht gerechnet. Es war die gefährlichste Kreuzung der Stadt.

„Du hast ja doch Angst", spottete Fiona.

„Hab ich nicht", schnauzte Mark sie an. Diese blöde Gans, was bildete sie sich ein! „Geht klar", sagte er cool. „Dann bis morgen." Er schnappte sich sein Skateboard und ging davon.

Am nächsten Tag war Mark pünktlich zur Stelle. Schockiert stellte er fest, dass die komplette Clique versammelt war. Mark wäre am liebsten umgekehrt; er ahnte, dass er Fiona nicht besiegen konnte. Aber jetzt aufgeben wäre ein Fehler, denn dann würde sie sich ewig über ihn lustig machen.

Entschlossen stülpte er seine Baseballkappe verkehrtherum auf den Kopf und marschierte lässig auf die Kreuzung zu.

Zum Glück sah keiner, dass er Herzklopfen und nasse Hände hatte. Aus den Augenwinkeln sah er sich die Straße an, die er in ein paar Minuten hinunterbrausen würde, direkt auf die Kreuzung zu. Sie war steil, ihr Belag war uneben und sie hatte drei Seitenstraßen, aus denen Autos kommen konnten.

„Na, auch schon da?", sagte Fiona. „Hast wohl doch Angst?"

„Können wir endlich losfahren?", sagte Mark betont gelangweilt. Er wollte es endlich hinter sich haben.

Fiona grinste nur. Sie liefen die Straße hoch und machten sich startklar.

„Ich warte dann unten auf dich, okay?", sagte Fiona und grinste ihn frech an. „Lass dir ruhig Zeit."

Sie stellten sich nebeneinander auf. Die steil abfallende Straße kam Mark plötzlich wie ein Abgrund vor, in den er sich gleich hinabstürzen würde.

Ein Junge gab unten das Startzeichen und sie fuhren los.

Zu Beginn konnte Mark gut mithalten und war gleichauf mit Fiona. Doch dann gewann sie deutlich an Fahrt. Elegant umfuhr sie die Kanaldeckel und wich geschickt einem Radfahrer aus, der plötzlich aus einer der Seitenstraßen herausschoss. Mark fand sich bereits damit ab, dass er dieses Rennen erwartungsgemäß verlieren würde, als er Fiona schwanken sah. Ihr Skateboard machte eine schlingernde Bewegung, und es neu auszurichten, kostete sie so viel Zeit, dass Mark aufholen konnte.

Dicht nebeneinander rasten sie die Straße hinunter. Mark sah den Wagen den Bruchteil einer Sekunde früher als Fiona. *Das ist meine Chance*, dachte er und schnitt ihr den Weg so ab, dass sie dicht vor dem Auto vorbeifahren musste. Die quietschenden Bremsen, der verzweifelte Schrei in Erwartung des unvermeidlichen Aufpralls, das dumpfe Scheppern von Blech – all das nahm Mark kaum noch wahr, als er uneinholbar Richtung Ziel schoss.

Unten angekommen, fragte er die anderen, warum sie denn so entgeistert schauten. Erstaunt sah er nach oben, wo Fiona bewusstlos vor dem Auto lag, dessen Fahrer aufgeregt in ein Handy sprach. Ihr Skateboard kam langsam ohne Fahrerin den Berg heruntergerollt.

Fast alle rannten nun hoch zu Fiona. Nur zwei Jungs blieben bei Mark und raunzten ihn an: „Du hättest dir doch denken können, dass das so endet! Warum hast du dich nur darauf eingelassen, du Blödmann? Arme Fiona! Du bist an allem schuld!"

- ○ **Warum war die Abfahrt von der Wallstraßenkreuzung so gefährlich?**

- ○ **Wie hätte man im Vorfeld den gefährlichen Wettkampf verhindern können?**

- ○ **Wie könnte die Geschichte weitergehen? Hat Mark wirklich Schuld an dem Unfall? Wie sollte er deiner Meinung nach reagieren?**

Das ist doch keine Gruppenarbeit!

Es wäre alles gut gegangen, wenn nicht Patrick diesen Vorschlag gemacht hätte.

„Oscar, du stehst vorne an der Tafel und zeigst auf die verschiedenen Punkte, während ich das Ganze vortrage."

„Und was mache ich?", wollte José wissen.

„Na ja …" Patrick zögerte. „Du hast doch jetzt schon mitgearbeitet", sagte er dann.

José runzelte die Stirn. Patrick hatte ihn kaum zu Wort kommen lassen und wenn, dann hatte er seine Vorschläge unfreundlich abgewiesen. Das hatte Frau Sommer sicher nicht gemeint mit der Gruppenarbeit.

„Das find ich blöd. Dann denkt Frau Sommer bestimmt,
ich habe nicht viel mitgemacht", sagte José.
Was ja auch stimmen würde, dachte Patrick.
„Wieso tragen wir nicht abwechselnd vor?", versuchte Oscar,
die beiden zu beruhigen.
„Jaaa, könnten wir natürlich machen", sagte Patrick zögernd.
„Aber?" José gab sich jetzt kampfeslustig. Als Patrick nichts
erwiderte, fuhr er fort: „Sag doch, dass du mein Deutsch zu
schlecht findest. Sag es ruhig!"
Patrick druckste noch ein bisschen herum, sagte dann aber doch:
„Du musst zugeben, richtig toll ist es nicht."
„Das macht doch nichts", wunderte Oscar sich. „Sie kennen
José doch alle. Keiner wird etwas sagen."
Und wenn, wär's mir egal, dachte José. *Ich weiß ja, dass sie
hinter meinem Rücken lachen.*
„Das wäre für José doch sogar ganz gut", fügte Oscar hinzu.
„Dann kann er seine Fünf etwas aufbessern."
„Und ich krieg dafür eine", knurrte Patrick.
„Du findest also, dass ich zu schlecht für dich bin?", wollte José
empört wissen.
„Nein", gab Patrick zurück, aber es klang alles andere als ehrlich.
„Sag doch, dass ich dich störe und dass du mich nicht in deiner
Gruppe haben wolltest", fauchte José. Immer, wenn er sich auf-
regte, klappte es mit der Aussprache noch weniger als sonst,
weshalb er *Gruppé* sagte und *aben* statt haben.
„Das ist es, was ich meine." Patrick wandte sich an Oscar.
„Wir kriegen alle eine schlechte Note – seinetwegen."
„Du spinnst doch", sagte Oscar empört. „Nur, weil er nicht perfekt
Deutsch spricht, bekommen wir keine schlechte Note. Auf den
Inhalt kommt es an."
„Und auf den Vortrag", rief Patrick und warf den Bleistift so heftig
auf den Tisch, dass er von dort auf den Boden sprang.
„Ich glaube, es kommt vor allem auf die Gruppe an", warf José
ein. „Dass wir zusammengearbeitet haben."
„Und? Haben wir zusammengearbeitet", wollte Patrick wissen.

Oscar und José sahen sich erstaunt an. Auf was spielte er denn jetzt wieder an?

„Wer hat denn die ganzen Internetrecherchen gemacht?", fragte Patrick erbost. „Wer saß denn stundenlang vor dem Computer?"

„Du", erwiderte Oscar und ließ zum ersten Mal auch so etwas wie Wut erkennen. „Weil du es so wolltest. Weil du mit deinem neuen PC angeben wolltest."

„Weil du immer die erste Flöte spielen willst", sagte José.

„Es heißt erste Geige, du Idiot", gab Patrick böse zurück.

„Ich bin kein Idiot!", schrie José. „Du hättest den Fehler mit deinen doofen indischen Elefanten nie bemerkt."

„Da hat er recht", stimmte Oscar zu.

Patrick starrte beide böse an. Dann schnappte er sich seinen Block, die beiden Plakate, die bis auf die Überschrift immer noch leer waren, und sein Federmäppchen.

„Macht doch, was ihr wollt", sagte er gefährlich ruhig.

„Ich halte den Vortrag eben allein."

„Das kannst du nicht machen", rief Oscar ihm hinterher.

„Wir sind eine Gruppe!"

„Gruppe? Pah!", machte Patrick und verließ das Klassenzimmer.

- ⊚ Welchen Vorschlag hatte Oscar gemacht, um den Streit zu beenden?

- ⊚ Wie sollten sich José, Patrick und Oscar verhalten, um die Gruppenarbeit noch zu retten?

- ⊚ Hast du auch schon mal einen Streit innerhalb einer Gruppenarbeit miterlebt? Wie habt ihr den Streit gelöst?

Armer Guido, Lumpenkind!

ab 8 Jahre

Während alle anderen Kinder vor Freude johlten und mit den Händen auf den Tischen trommelten, wäre Guido am liebsten im Erdboden versunken. Wie sollte er seiner Mutter klarmachen, dass er schon wieder zehn Euro für die Schule brauchte?

Erst neulich hatte Bianca eine blöde Bemerkung wegen seiner abgetragenen Turnschuhe gemacht: „Schaut euch mal den Guido an", hatte sie den anderen zugerufen. „Seine Schuhe haben Löcher."

Am liebsten hätte Guido geantwortet: „Ja, du blöde Kuh. Meine Mutter verdient im Supermarkt nicht so viel, dass sie mir ständig neue Klamotten kaufen kann."

Mit einem reichen Vater lebte es sich eben sehr viel komfortabler. Bianca gab ständig mit ihm an, um allen klarzumachen, dass ihr keiner etwas vormachen konnte. Dabei war sie viel schlechter als er in der Schule. Aber das zählte bei den anderen nicht.

Seufzend erhob Guido sich, als es gongte, und ging langsam zu Frau Schuster, doch kurz vor der Lehrerin machte er einen Rechtsschwenk und lief schnell Richtung Tür.

„Guido? Alles in Ordnung?", rief sie ihm zu.

Er nickte nur. Nein, diesmal würde er ihr nicht sagen, dass er die zehn Euro nicht hatte. Das letzte Mal reichte ihm.

„Du hast ein Recht auf Unterstützung", hatte Frau Schuster gesagt. Doch als er seiner Mutter das Formular gegeben hatte, hatte sie furchtbar mit ihm geschimpft.

„Wir brauchen keine Hilfe", hatte sie gerufen. „Wir schaffen das auch allein. Ja, wir tragen nicht die neueste Mode oder essen die feinsten Delikatessen, aber es geht uns doch trotzdem gut, oder?"

„Nein, uns geht's nicht gut", hatte er sie angeschrien. „Du hast keine Ahnung, was ich in der Schule durchmache, weil ich nicht mal anständige Schuhe habe."

Sie hatten mit Türen geknallt und ein paar Tage nur das Nötigste miteinander gesprochen. Irgendwann war der Alltag wieder eingekehrt. Und jetzt brauchte er schon wieder Geld für die Schule.

„Na Guido?" Bianca stand mit ihrer Clique vor dem Klassenzimmer. Offensichtlich hatten sie auf ihn gewartet. Guido fluchte leise. Warum konnten sie ihn nicht in Ruhe lassen?

„Was wollt ihr?", fauchte er.

„Wirst du es diesmal schaffen, am Ausflug teilzunehmen?", fragte Bianca scheinheilig.

Guido ballte die Fäuste, aber er beschloss, sie zu ignorieren und ging an der Gruppe vorbei.

„Hey, ich rede mit dir!", schrie Bianca.

Guido musste grinsen. Wenn sie etwas nicht leiden konnte, dann war es, nicht beachtet zu werden.

„Lass ihn doch", hörte er eine Jungenstimme. „Was willst du denn mit dem?"

„Ich will, dass er mir zuhört!", rief Bianca. Guido stellte sich vor, wie sie mit dem Fuß aufstampfte. Sein Grinsen wurde breiter. Vermutlich war Bianca nur sauer, weil der Schulleiter ihn in Mathe heute lobend erwähnt hatte. Das konnte sie nicht auf sich sitzen lassen. Sie musste immer im Mittelpunkt stehen.

„Sei doch froh, wenn er nicht mitfährt", sagte jetzt ein Mädchen. „Sieh ihn dir an: Er passt doch eh nicht zu uns."

Guido verging das Grinsen. Hör einfach nicht hin, sagte er sich, aber das war leichter gesagt als getan. Seine Mitschüler kamen hinter ihm her und riefen ihm Gemeinheiten nach.

Als Bianca zu singen begann: „Armer Guido, Lumpenkind", platzte ihm der Kragen. Er drehte sich um, packte die erschrockene Bianca am T-Shirt, zog sie nah zu sich und sagte betont ruhig: „Lass mich endlich in Ruhe." Dann gab er ihr einen leichten Schubs, dass sie gegen die anderen fiel.

„Das wirst du mir büßen", keifte Bianca hinter ihm her.

„Ich freu mich drauf", gab Guido zurück und drohte mit der Faust.

- ➔ **Worüber hatte sich Guido mit seiner Mutter gestritten?**

- ➔ **Warum war Bianca sauer? Lag es wirklich daran, dass der „arme Guido" nicht mit ihr reden wollte?**

- ➔ **Wie hättest du dich an Guidos Stelle gegenüber Biancas Clique verhalten?**

Eigentlich hatte Matze Angst vor Harald. Er war der gefürchtetste Junge an der Schule, und allein durch seinen bulligen Körperbau verschaffte er sich Respekt. Er war der uneingeschränkte Herrscher des Schulhofs und zog viele jüngere Schüler ab. Matze wäre auch gern so selbstbewusst gewesen. Dass Harald ausgerechnet ihn als Freund gewählt hatte, konnte er gar nicht fassen.

„Hey du", rief Harald einem dunkelhäutigen Jungen zu, der gerade das Schulgebäude betreten wollte. Es war John. Er war erst vor Kurzem mit seinen Eltern aus Nigeria gekommen und deshalb relativ neu an der Schule.

Harald stellte sich dem Jungen in den Weg. „Lass mich vorbei",
sagte er mit drohender Stimme.

John senkte den Kopf und trat einen Schritt zur Seite.

„Lass ihn doch", sagte Matze. „Der hat doch nichts."

„Er steht mir im Weg", sagte Harald verächtlich und stieß den
Jungen gegen die Mauer. Er wandte sich zu Matze um.

„Nimm seine Uhr. Und was er sonst noch hat."

Matze wurde plötzlich verlegen. John lebte in einem Asylanten-
heim, der hatte kaum etwas zu bieten. Seine Turnschuhe waren
abgetragen, seine Hose war ihm mindestens zwei Nummern zu
groß und mit einem Strick notdürftig festgezurrt.

Wenn er eine Uhr hatte, ging sie vermutlich nicht mal richtig.

„Nun mach schon", zischte Harald. „Oder willst du der Nächste
sein?"

Matze schaute ihn erschrocken an. Wenn er jetzt John nicht
abzog, dann würde er selbst Haralds nächstes Opfer werden?
Nein, das wollte er auf keinen Fall.

„Gib mir deine Uhr", sagte er zu John und versuchte, seinen
Ton so rüde wie möglich klingen zu lassen.

John streckte ihm beide Arme entgegen. Keine Uhr.

Harald stieß ihn zur Seite. „Mann, stell dich nicht so an.
So wird das nichts." Er gab John einen Stoß vor die Brust,
sodass dieser wieder gegen die Wand prallte. „Nun gib schon
alles her, was du hast", schnaubte er ihn an.

John griff in seine Hosentaschen und stülpte sie nach außen.
Ein gebrauchtes Taschentuch und 20 Cent fielen zu Boden.

„Ich sag's doch: Er hat nichts", sagte Matze und versuchte,
Harald wegzuziehen.

„Quatsch, die Asylanten haben genug. Die kommen hierher und
kriegen alles umsonst", schnauzte Harald ihn an.

Matze sah John an, um sich mit einem Blick zu entschuldigen,
doch der hielt den Kopf immer noch gesenkt.

Warum wehrt er sich nicht?, dachte er, doch dann fiel ihm seine
eigene Reaktion ein.

„Nun komm schon", drängte er und zog Harald erneut am Ärmel.

„Du siehst doch, dass er nichts hat. Lass uns zu den Typen da drüben gehen."

Doch Harald wollte nicht auf ihn hören. Er stieß John immer und immer wieder vor die Brust. Matze sah, wie sehr der Junge litt. Schließlich wurde es ihm zu bunt.

„Nun hör schon auf, du Idiot!", schrie er, so laut wie er konnte, und hielt Haralds Arm fest.

Harald drehte sich wütend um und starrte Matze an. „Was denn? Willst du auch eine?", brüllte er und hob die Hand.

Matze zögerte. Er hatte große Angst vor Harald, denn der ließ so nicht mit sich umspringen. Vermutlich würde er die Prügel seines Lebens bekommen, wenn nicht jetzt gleich, dann sicher in den nächsten Tagen.

Aber wenn er jetzt nachgab, wäre er auch nicht besser als Harald. Er traf eine Entscheidung.

Mühsam hielt er Haralds finsterem Blick stand.

„Ja, das kannst du, nicht wahr? Kleinere Kinder verprügeln. Tolle Leistung", sagte Matze verächtlich. „Komm", sagte er zu John und zog den Jungen weg.

- ⊙ Welche „Wertsachen" hatte John bei sich gehabt?

- ⊙ Was glaubst du, wird jetzt nach Matzes mutiger Entscheidung passieren?

- ⊙ Was könnte Matze tun, um sich und andere Kinder vor Harald zu schützen?

„**S**eht euch diesen Freak an!", rief Claas und alle lachten.
Martin bemerkte die anderen gar nicht, so vertieft war er in
die Notenblätter zu seinem Violinkonzert. Klassische Musik war
nun mal sein Hobby, und wenn das andere nicht nachvollziehen
konnten, war das deren Problem, nicht seines.

„Hm, hm, hm, ta, taa", summte Martin und wiegte dazu den
Kopf im Takt. Diese Stelle bereitete ihm beim Spielen immer
wieder Probleme, das würde er später noch einmal intensiv üben
müssen.

„Wann gibst du denn dein erstes Konzert, Freak?"
Martin blickte hoch und direkt in die spöttischen Augen von Claas.
Er seufzte. Dass die anderen ihn nie in Ruhe lassen konnten. Was
ging es sie an, dass er sich nicht für Rock und Metal interessierte?
„Dauert noch ein bisschen", sagte er und stand auf. „Ich muss
jetzt zur Geigenstunde."

Claas stellte sich ihm in den Weg. „Nicht so eilig. Wir wollen dir doch endlich mal guten Geschmack beibringen." Er gab ein Zeichen mit der Hand, woraufhin Rico hinter ihm einen großen CD-Player einschaltete. Laute Musik ertönte.

Martin hätte es jedoch nie als Musik bezeichnet, sondern als Geschrei. Seine Ohren schmerzten, aber er sagte nichts.

„Wie findest du das?", wollte Claas wissen. Er musste brüllen, um den Krach zu übertönen.

Martin zuckte mit den Achseln. „Geht schon", rief er ebenfalls laut und wollte sich abwenden. Doch Claas hielt ihn fest.

„Geht schon?", fragte er. „GEHT SCHON???", wiederholte er laut. Wieder gab er ein Handzeichen, woraufhin sich wohltuende Ruhe ausbreitete.

Martin atmete erleichtert auf. „Tut mir leid, euer Krach, den ihr als Musik bezeichnet, interessiert mich nicht", sagte er. „Kann ich jetzt zu meiner Stunde?"

„Ist da deine Geige drin?", wollte Rico wissen und deutete auf den länglichen, schwarzen Kasten, den Martin in der Hand hielt. Martin nickte.

„Zeigst du sie uns mal?", bat Claas überraschend freundlich. Martin legte den Geigenkoffer auf den Boden, öffnete ihn und nahm vorsichtig die Violine heraus. Er hoffte, sie würden ihn in Ruhe lassen, wenn er ihnen das Instrument zeigte.

„Gib mal her", sagte Claas und riss ihm das Instrument aus der Hand. „Ein bisschen klein geraten, was?", feixte er.

Martin verdrehte die Augen. Das war wieder mal typisch Claas. Er war ein furchtbarer Angeber, hatte aber keine Ahnung.

„Das ist eine halbe Geige", erklärte er. „Eine ganze ist noch zu groß für mich."

Claas lachte laut. „Eine halbe Geige?" Er sah sich die Violine genau an. „Die sieht aber ziemlich ganz aus", fügte er hinzu.

Dann sagte er zu Rico: „Mach doch noch mal Musik."

Rico schaltete den CD-Player wieder ein, diesmal etwas leiser. Claas hielt die Geige wie eine Gitarre und schlug grob und unbeholfen die Saiten an.

„Pass bitte darauf auf", sagte Martin. Mit zunehmender Anspannung beobachtete er Claas, der seine Geige in der Luft herumschwang. „Kann ich sie jetzt bitte wiederhaben?"

„Klar", sagte Claas und tat so, als reiche er Martin das Instrument. Doch dann hielt er inne und schaute sich die Geige noch einmal genauer an. „Das ist also eine halbe Geige, ja?"

Martin schluckte und schwitzte. Er hatte plötzlich eine betäubende Wut im Bauch. „Gib mir jetzt sofort meine Geige", sagte er drohend und versuchte, Claas festzuhalten. Doch er erwischte ihn nur am T-Shirt und Claas entwischte.

Rico lachte dreckig und drehte den CD-Player wieder auf volle Lautstärke. Das war zuviel! Martin drehte sich um und trat mit voller Wucht in den CD-Player.

„Heh, du Idiot, was soll das?", rief Rico, aber Martin trat wieder und wieder zu, bis der CD-Player mit einem furchtbaren Quietschton seinen Geist aufgab.

„Scheißmusik!", brüllte Martin außer sich. „Jetzt ist endlich Ruhe."

„Stimmt", sagte Claas. Er nahm die Geige und schlug sie auf den Boden. Martin stieß einen schockierten Schrei aus, doch es war zu spät: Holz splitterte, die Saiten hingen herunter. Claas warf ihm die Reste seines Instrumentes zu.

„Jetzt ist es eine halbe Geige", sagte er und rannte mit Rico davon.

- Was hatten Claas und Rico gegen Martin?

- Was meinst du – warum rastete Martin plötzlich aus und trat gegen den CD-Player?

- Wie hätte er sich anders wehren können?

Wamm! Päng! Wusch!

Oscar war wieder einmal begeistert, wie schnell er seine Gegner erledigen konnte. Seine Spielfigur teilte Faustschläge und Fußtritte aus, dass es eine helle Freude war. Die Feinde versuchten, sich von hinten anzuschleichen oder von oben auf ihn zu springen, aber Oscar hatte alles im Griff.

Zufrieden lehnte Oscar sich zurück, als der Computer ihm meldete, dass das Spiel aus war und er gewonnen hatte. Sogar mit einem neuen Höchstpunktestand. Aber in der Liste stand bereits zehn Mal sein Name, das machte die Sache auch nicht mehr richtig spannend.

Das neue Computerspiel war viel besser als alle, die er bisher besessen hatte. Immer, wenn er es sich gewünscht hatte, hieß es, dafür wäre er noch zu jung. Pah! Mit irgendwelchen lächerlichen Zeichentrickfiguren dämliche Aufgaben zu lösen, machte einfach keinen Spaß.

Aber zum Glück kannte Oscar ja ein paar ältere Jungs, die richtig gute Gewaltspiele aus dem Internet herunterladen konnten. Denen war es egal, wie alt man war. Hauptsache, man bezahlte sie. Drei Monate hatte Oscar sparen müssen, um das Geld für die Raubkopie zusammenzubekommen, und der letzte Teil fehlte immer noch. Aber das war dieses Spiel wert.

„Oscar! Abendessen!"

Oscar schaltete den PC aus und lief die Treppe hinunter.

„Hast du deine Hände gewaschen?"

Oscar nickte. Mama konnte manchmal richtig lästig sein.

„Bist du mit den Hausaufgaben fertig?"

„Mama, du nervst", knurrte Oscar. „Natürlich hab ich sie fertig."

„Man wird ja wohl mal fragen dürfen."

Das Abendessen verlief schweigend. Oscar hätte eigentlich die Fünf in Deutsch beichten müssen, aber er würde halt wieder mal die Unterschrift seiner Mutter fälschen, war ja nicht das erste Mal. Und mittlerweile sah seine Unterschrift besser aus als ihre.

„Wann triffst du dich denn mal wieder mit den anderen?", wollte seine Mutter beim Abräumen wissen. „Du sitzt immer nur in deinem Zimmer."

„Na und?", stieß Oscar hervor. „Die sind doch alle doof."

„Ach Oscar, was soll ich nur mit dir machen?", seufzte die Mutter.

Oscar streckte ihr hinter ihrem Rücken die Zunge raus und ging für einen Moment in Kampfstellung. Zack, Wusch, Peng – und weg war der Kopf.

Kichernd verließ Oscar die Küche und ging in sein Zimmer.

Er war jedem Gegner gewachsen, keine Frage.

Als er am nächsten Tag den älteren Jungs begegnete, wusste er, dass er keine Chance gegen sie hatte. Nicht nur, dass sie zu zweit waren, sie waren auch viel größer und stärker als er.

„Her mit den letzten 10 Euro!", sagte Tom, während Dirk ihn in den Schwitzkasten nahm.

„Morgen", zischte Oscar mit verschobenem Mund. „Morgen hab ich das Geld."

„Du weißt, was passiert, wenn du morgen nicht zahlst", sagte Tom.

Er machte dazu eine eindeutige Handbewegung an seinem Hals entlang.

Dirk ließ Oscar einfach fallen. Wütend starrte Oscar auf die Schmutzflecke auf seiner Jeans. Das würden sie ihm büßen!

„Hallo Oscar!", rief Sabine spöttisch, die mit ihrer Clique auf der anderen Straßenseite entlangkam. „Hast du was verloren? Sollen wir dir suchen helfen?" Die anderen kicherten.

„Halt die Schnauze!", schrie Oscar, rappelte sich auf und rannte den kichernden Kindern hinterher. Diese liefen kreischend davon, doch der kleine Linus war nicht schnell genug.

Oscar erwischte ihn am Anorak und hielt ihn fest. Linus schrie wie am Spieß, doch Oscar nahm darauf keine Rücksicht.

Feinde mussten erledigt werden. Das war wie im Computerspiel.

- Warum gab sich Oscar mit den älteren Jungs ab?

- Warum hat sich Oscar an dem wehrlosen Linus vergriffen?

- Was hältst du von brutalen Computerspielen? Haben dich Computerspiele auch schon mal davon abgehalten, draußen zu spielen oder deine Hausaufgaben zu machen?

Die hat eine Abreibung verdient!

„So geht das nicht weiter mit Lisa", sagte Anne und schaute auffordernd in die Runde. Zustimmendes Gemurmel war die Antwort.

„Aber was willst du unternehmen?", wollte Melanie wissen.

„Du weißt, sie ist der Liebling aller Lehrer."

„Ja, weil sie sich dauernd einschleimt", warf Steffi verächtlich ein.

„Sie ist eine arrogante Kuh. Ich finde, sie hat eine Abreibung verdient."

„Aber sie kann verdammt gut malen", sagte Kim schwärmerisch.

„Na und? Du bist ein Matheass und trotzdem nicht so blöd", warf Melanie ein. „Lisa dagegen ist auch noch egoistisch", fügte sie hinzu. „Ich hab sie neulich im Supermarkt getroffen. Ich hatte es eilig, deshalb hab ich sie gefragt, ob sie mich an der Kasse vorlässt. Aber sie hat's natürlich nicht getan."

„Wir sind uns also einig", sagte Anne. „Die hat eine ordentliche Abreibung verdient! Aber was können wir tun?"

„Morgen ist wieder Kunst, da sollte doch dieser Künstler kommen. Die Kober wird ihm sicher Lisas neuestes Meisterwerk zeigen", sagte Steffi. Ihr Ton sagte deutlich, was sie von Lisas Malerei hielt, nämlich nichts.

„Du meinst …?", warf Melanie in die Runde und schaute die anderen herausfordernd an.

Alle außer Kim nickten. „Von was redet ihr?", wollte sie wissen. Anne schaute, ob sie auch niemand belauschte, und flüsterte: „Na, wir machen irgendwas mit ihren Bildern."

„Ist doch eine gute Idee", fand Steffi, und alle stimmten zu. Während die anderen Schüler auf dem Pausenhof herumtobten, planten die vier Mädchen ihre Abreibung für Lisa. Schnell war klar, was sie tun würden. Das größte Problem war, unbemerkt in den Werkraum zu gelangen.

„Wir müssen es nach der Schule machen", sagte Anne.

„Der Raum ist abgesperrt", sagte Kim, doch Steffi meinte: „Es gibt eine Verbindung zu dem Saal, wo die Großen Chemie haben. Und die Tür ist immer offen."

Es gongte, und die Mädchen mussten nach der Schule weiterreden. Steffi zeigte ihnen, dass das mit der offenen Tür stimmte, und so einigten sie sich schließlich auf einen Plan. Sie wollten ihn am nächsten Tag in der großen Pause umsetzen, denn gleich danach hatten sie Kunst.

Jede hatte ihre Aufgabe und ihren Platz: Kim bewachte den Eingang zum Chemiesaal; Anne stand in der Nähe des Lehrerzimmers, um die Lehrer notfalls mit lästigen Fragen aufzuhalten; Steffi und Melanie wollten Lisas Werke „verschönern".

Es klappte alles wie am Schnürchen. Steffi und Melanie wurden in dem Moment fertig, als es nach der Pause wieder gongte.

Die vier Mädchen rannten zurück zu ihrem Klassenzimmer, wo sich der Künstler bereits mit Frau Kober unterhielt. Als die Klasse vollständig war, gingen sie alle zum Kunstraum.

„Was ist denn das?" Lisa entdeckte sofort ihre Bilder.

Zufrieden sahen die vier Freundinnen, wie sie sich schluchzend an Frau Kober wandte. Das würde ihr eine Lehre sein.

Doch zum großen Erstaunen und Entsetzen der vier trat der Künstler vor, begutachtete die verunstalteten Bilder und meinte: „Originelle Arbeit."

Steffi und Melanie konnten es nicht fassen. Mit großer Mühe hatten sie Schnurrbärte aufgemalt, Bilder großflächig überpinselt oder Comicfiguren hinzugefügt. In ihren Augen waren die Bilder jetzt ziemlich hässlich, vor allem, weil sie beide absolut nicht zeichnen konnten.

„Ungewöhnlich originell für Lisas Alter", sagte der Künstler.

„Es freut mich, wenn junge Künstler auch mal neue Wege gehen. Das müssen wir groß ausstellen!"

„Wir hätten alles zerschneiden sollen", knurrte Steffi.

Die Unterrichtsstunde mit dem Künstler machte allen großen Spaß, doch Anne, Melanie, Steffi und Kim konnten sich nicht darauf konzentrieren. Was sie als Abreibung geplant hatten, brachte Lisa jetzt womöglich eine Ausstellung in einer Galerie ein! Das war nicht gerecht!

Lisa selbst war immer noch ratlos. Wer hatte ihre schönen Bilder so verunstaltet? Sollte sie zugeben, dass die Bilder gar nicht von ihr „verziert" wurden?

- Wie hatten die vier Mädchen Lisas Bild „verschönert"?

- Die vier Mädchen können Lisa nicht leiden. Daher spielen sie ihr einen Streich. Findest du das fair? Was wäre ein faires Verhalten Lisa gegenüber gewesen?

- Wie würdest du dich an Lisas Stelle am Ende der Geschichte verhalten?

„**W**as hast du denn angestellt?" Erschrocken schaute Sarah ihre Freundin Emine an, die ein blaues Auge hatte.

„Nichts, es ist nichts", sagte Emine und schüttelte Sarahs Hand ab.

„Nichts?" Sarah war empört. „Spinnst du? Warst du beim Arzt?" Emine nickte, aber Sarah war sich nicht sicher, ob die Freundin nicht log.

„Was ist denn nun passiert?", wollte sie wissen.

„Ich bin gestolpert und mit dem Kopf gegen etwas Hartes geknallt. Weiß nicht genau, was es war", gab Emine zurück. „Ich bin halt ein kleiner Tollpatsch. Ich muss jetzt los."

Sarah sah der Freundin nach. Irgendetwas stimmte da doch nicht. Bekam Emine zu Hause Prügel? Sarah konnte sich das nicht

vorstellen. Sie kannte die Familie: Die Eltern waren sehr nett, und Mehmet war zwar meistens ein Idiot, aber er liebte seine kleine Schwester abgöttisch.

Vielleicht war Emine ja tatsächlich gestolpert … Sarah vergaß den Vorfall, doch zwei Wochen später erschien Emine schon wieder mit blauen Flecken. Das ging doch nicht mit rechten Dingen zu!

„Erzähl mir nicht, dass du schon wieder gefallen bist", sagte Sarah eindringlich.

Emine schüttelte den Kopf. „Nein, ich bin gegen den Schrank gelaufen. Ich wollte in die Küche, weil ich Durst hatte, hab aber kein Licht gemacht. Da bin ich gegen …"

„Erzähl mir doch keinen Müll!", rief Sarah wütend. „Dein Zimmer ist so hell, da brauchst du gar kein Licht." Sie legte den Arm um Emine. „Nun sag doch, was los ist. Hat dein Vater dich geschlagen? Oder Mehmet?"

Emine riss sich los und starrte Sarah wütend an. „Das ist doch typisch. Nur weil wir Türken sind, heißt das noch lange nicht, dass wir uns prügeln!", schrie sie. „Du bist ja 'ne tolle Freundin. Auf so was kann ich verzichten. Lass mich bloß in Ruhe."

Sarah schaute der Freundin verblüfft hinterher. Was war denn nur in sie gefahren? So hatte sie Emine noch nie erlebt. Gleichzeitig schämte sie sich für ihre Vorurteile. Da hatte Emine schon recht.

Als Herr Schöller Emine fragte, woher sie das blaue Auge habe, erzählte sie ihm, sie sei gefallen. Sie sei eben ein kleiner Tollpatsch, fügte sie schief grinsend hinzu. Da wusste Sarah, dass die Freundin ein Geheimnis hatte. Sie beschloss, Emine zu helfen.

Es dauerte, bis Sarah herausfand, was los war. Sie folgte ihr morgens von der Wohnung zur Schule, behielt sie während der Pausen ständig im Auge, folgte ihr auf dem Nachhauseweg.

In den ersten Tagen geschah nichts, und Sarah bekam allmählich das Gefühl, dass doch die Familie dahintersteckte. Ob sie mal mit Mehmet reden sollte? Aber was, wenn der sie dann auch schlug?

Am fünften Tag sah Sarah, wie Emine nach dem Unterricht abseits der Schule mit ein paar älteren Schülerinnen redete. Es schien ein normales Gespräch zu sein, doch dann begannen die älteren

Mädchen, Emine herumzuschubsen. Als Emine stolperte und hinfiel, bekam sie Fußtritte überallhin.

Sarah erschrak. Was sollte sie tun? Was konnte sie tun?

Natürlich wollte sie Emine helfen, doch dann würden die Mädchen sie sicher auch verprügeln. Sie waren zu fünft und viel größer und stärker als sie.

Mehmet! Sarah raste zurück zur Schule, rannte in die Sporthalle, wo er mit ein paar Jungs Fußball spielte, und brüllte aus Leibeskräften: „Mehmet!"

Emines Bruder hob den Kopf.

„Komm schon! Emine!", schrie Sarah nur und rannte los.

Sie hörte viele Schritte hinter sich.

Sie kamen gerade rechtzeitig. Emine lag ausgestreckt auf dem Boden und eines der Mädchen hatte den Fuß in Siegerpose auf ihren Rücken gestellt. Die anderen durchwühlten Emines Rucksack.

Mehmet und seine Freunde stürzten sich auf die Mädchen, die Emine festgehalten hatten. Es gab ein kurzes Gerangel, dann rannten die Mädchen davon.

Sarah ging zu Emine, half ihr hoch und nahm sie in den Arm. „Warum hast du denn nichts gesagt?", fragte sie leise.

- ➲ **Welche Ausreden bezüglich der blauen Flecke hatte Emine?**

- ➲ **Warum hatte Emine niemandem davon erzählt, dass sie von den älteren Mädchen bedrängt wurde?**

- ➲ **Was könnten Emine, Mehmet und Sarah tun, um neue Angriffe zu verhindern?**

Wohin mit meiner Wut?

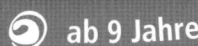

„**M**arco! Hast du die Küche aufgeräumt?"
Marco gab nur ein unverständliches Grunzen als Antwort.
Warum machte seine Mutter das nicht selbst? Sie hatte schließlich genug Zeit dafür. „Hast du deine Hausaufgaben gemacht?",
kam die nächste unangenehme Frage aus dem Schlafzimmer.
„Ja, ja!", rief Marco genervt.
Natürlich hatte er sie nicht gemacht. Dabei sagte seine Klassen-
lehrerin immer öfter, dass seine Versetzung gefährdet wäre.
Die nächste vergessene Hausaufgabe würde ihm mal wieder
einen Klassenbucheintrag einbringen – auch das wurde ihm
bereits angedroht.

Schlecht gelaunt setzte sich Marco wieder an den Küchentisch, an dem es zum Fürchten aussah.

Marco hasste Hausarbeit. Zwar bestand seine einzige Aufgabe in dieser Woche darin, die Küche nach dem Mittagessen aufzuräumen, doch das musste jetzt erst mal warten – schließlich lösten sich die kniffligen Matheaufgaben nicht von alleine.

Zunächst schaltete Marco aber den Fernseher ein. Drei Actionserien und zwei Talkshows später stellte Marco plötzlich fest, dass er ein Problem hatte, als er den klickenden Schlüssel im Türschloss hörte – sein Vater kam nach Hause.

Seit man ihm den neuen, jüngeren Chef vor die Nase gesetzt hatte, war er nur noch gereizt.

Schnell schaltete Marco den Fernseher aus. „Was ist denn das für ein Saustall?", schimpfe Marcos Vater sofort. „Du hast mir gestern versprochen, die Küche aufzuräumen! Wenn ich von einem harten Arbeitstag nach Hause komme, will ich mich nicht auf einen Müllberg setzen!" „Ich musste Hausaufgaben machen", stammelte Marco leise. „Was? Etwa das da?", brüllte sein Vater und zeigte auf Marcos Hefte und Bücher, die kreuz und quer auf dem Küchentisch verstreut lagen.

„Mach jetzt hier sofort sauber!", lautete der Befehl, der keinen Widerspruch duldete.

Während sich sein Vater mit einer Zigarette an den Tisch setzte, machte sich Marco missmutig an den Abwasch. „Wo ist eigentlich deine Schwester schon wieder?", kam der nächste überflüssige Kommentar. „Seit Silvana mit diesem komischen Typen zusammen ist, kommt sie doch gar nicht mehr nach Hause!", antwortete Marco genervt. Da wischte sein Vater mit einer wütenden Armbewegung Marcos Hefte und Bücher vom Tisch. „Wie redest du eigentlich mit mir? Geh sofort auf dein Zimmer. Ich will dich heute nicht mehr sehen!", brüllte er. Schnell sammelte Marco seine Schulsachen ein und ergriff die Flucht. In der Stimmung war mit seinem Vater nicht zu spaßen.

In seinem Zimmer versuchte er sich noch mal an seinen Hausaufgaben, doch er schlief über Mathe ein.

Der nächste Tag begann nicht viel besser, als der Vortag geendet hatte. Als sich herausstellte, dass Silvana die ganze Nacht nicht zu Hause gewesen war, bekam sein Vater den nächsten Tobsuchtsanfall. Seine Mutter jammerte mal wieder, wie schlimm es in der Wohnung aussehen würde, und dass sich alle nur noch streiten würden.

Marco schlang sein Müsli so schnell er konnte hinunter, packte seine Schultasche – natürlich ohne Hausaufgaben – und stürmte hinaus. „Komm mir nicht noch mal mit einem Beschwerdebrief von deiner Lehrerin nach Hause!", rief sein Vater ihm noch hinterher. Mit einer gehörigen Portion Wut im Bauch stapfte er den Schulweg entlang. Die konnten ihn doch alle mal! Seine Familie, die blöde Lehrerin, und seine bescheuerten Mitschüler sowieso! Dass es Paul war, mit dem er die Prügelei begann, war nur Zufall. Mit seinen blöden Freunden hatte er sich von hinten angeschlichen. Als Paul dann an Marco vorbeilief, rempelte er ihn leicht an der Schulter an. Das reichte. Marco rastete aus und versetzte Paul einen Kinnhaken, der jedem Profiboxer zur Ehre gereicht hätte.

- Warum war Marcos Vater so wütend, als er nach Hause kam?

- Hast du eine Idee, warum Marco so brutal zugeschlagen hat, obwohl Paul ihn nur leicht angerempelt hat?

- Was könnte Marco anderes tun, wenn er eine solche Wut im Bauch hat?

Mirko fand René richtig cool, deshalb wünschte er sich nichts sehnlicher, als ein Kreuzritter zu werden.
Die Kreuzritter waren Renés Gang. Sie nannten sich so, weil sie aus dem Kreuzviertel stammten. Das Dumme war nur, dass René Mirko keinerlei Beachtung schenkte. Mirko wurde von den Kreuzrittern als Spinner angesehen.
Eines Tages erfuhr Mirko, dass die Kreuzritter einen Streit mit seinem Mitschüler Hendrik hatten. Da beschloss er, ihnen bei der Lösung zu helfen. Hendrik konnte er nämlich auch nicht leiden. Vielleicht könnte Mirko ja beweisen, dass er doch ein klasse Typ war. René nahm ihn dann sicher in seiner Gang auf. Mirko mochte seinen Plan. Jetzt musste er sich nur noch einen Trick für Hendrik ausdenken. Interessierte der sich nicht für alte Schiffe? Klar – und er war meistens am Hafen zu finden!
Mirko sagte also am nächsten Tag zu Hendrik: „Im Hafen liegt ein Schiffswrack, das niemandem gehört. Es wird in ein paar

Wochen zerlegt und abtransportiert. Ich könnte es dir zeigen."
Hendrik erwiderte: „Das hast du dir doch nur ausgedacht",
aber da hielt Mirko ihm einen Schlüssel unter die Nase.
„Mein Vater arbeitet auf dem Schrottplatz, auf dem das Schiff
entsorgt werden soll", sagte er grinsend.
Hendrik wurde neugierig. Dennoch war er misstrauisch. „Wieso
willst du mir überhaupt das Schiff zeigen?", wollte er wissen.
„Einfach nur so", antwortete Mirko. „Ich dachte, du interessierst
dich dafür?", fragte er lauernd.
Er sah deutlich, dass Hendrik mit sich kämpfte, dann aber
schließlich nickte. Seine Neugierde war zu groß.
Mirko grinste innerlich. Es verlief alles nach Plan.
Sie vereinbarten ein Treffen um sieben am Hafen. Mirko war viel
zu früh da und zappelte aufgeregt herum. Hoffentlich verdarb er in
letzter Minute nicht alles. Doch als Hendrik kam, wurde er ganz
ruhig. Er dachte nur daran, wie stolz sein Vorbild und Bandenchef
René auf ihn sein würde.
Mirko führte Hendrik zu einem alten Schleppkahn, der überholt
und neu lackiert werden sollte. Da die Werft aber voll war, wurde
das Schiff im Hafen zwischengeparkt.
Mirko kannte alle Schleichwege an den Wächtern vorbei. Als
sie endlich unbemerkt bei dem Schiff angelangt waren, zeigte
Hendrik sich schwer beeindruckt. Als er gerade etwas zu Mirko
sagen wollte, gab dieser ihm plötzlich einen kräftigen Stoß und
schubste ihn in das Schiff hinein. Mirko machte die Schiffsluke
schnell zu und verriegelte sie mit einem schweren Schloss.
„Hey, du Idiot, lass mich sofort raus. Was soll das?", brüllte
Hendrik und klopfte wie wild gegen die Luke.
„Da kannst du lange brüllen", antwortete Mirko und grinste.
Er fuhr in Windeseile zum Treffpunkt der Kreuzritter. Dabei nahm
er die letzte Kurve mit etwas zu viel Schwung und landete samt
Fahrrad vor Renés Füßen.
„Ja, wen haben wir denn da?", spottete René und zog
Mirko am T-Shirt hoch. „Willst du uns etwa ausspionieren?"
„Nein", rief Mirko. Bevor René noch etwas sagen konnte,

sprudelte er hervor: „Ich habe Hendrik auf einem alten Schiff im Hafen eingesperrt."

„Du hast was?", fragte René fassungslos und ließ ihn los. Mirko berichtete alles genau.

„Na, das muss ich mir anschauen", sagte René. „Ich hoffe nur für dich, dass du mir keinen Mist erzählst!", fügte er grimmig hinzu. Sie fuhren alle zum Hafen, Mirko voran, alle Kreuzritter hinterher. Als Mirko aufgeregt am Schloss herumfummelte, schrie Hendrik bereits aus Leibeskräften um Hilfe.

„Weg da!", fauchte René und schob Mirko zur Seite. Er nahm einen schweren Hammer, der am Boden lag, und zerschlug damit das Schloss an der Luke. Hendrik sah ziemlich fertig aus. Mirko grinste siegessicher und sah René erwartungsvoll an. Jetzt würde er ihn sicher loben und ihn auffordern, sich den Kreuzrittern anzuschließen.

René wandte sich zu Mirko um, schaute ihn lange skeptisch an, und spuckte schließlich verächtlich auf den Boden. „Du solltest dich aus Dingen, die du nicht verstehst, besser raushalten, Spinner! – Kreuzritter: Abflug!"

Mirko war fassungslos. War die ganze Aktion umsonst gewesen? Das konnte doch nicht wahr sein. Mit wachsender Wut schaute er den Kreuzrittern nach, die Hendrik beim Gehen stützten.

Mit einem entsetzlichen Schrei warf er sich von hinten auf René. Zusammen stürzten sie die Reling herunter ins eiskalte Wasser.

- ◉ **Woher haben die „Kreuzritter" ihren Namen?**

- ◉ **Warum wollte Mirko unbedingt ein Kreuzritter sein und plante so eine hinterhältige Aktion?**

- ◉ **Wie könnte die Geschichte weitergehen? Wird Mirko jemals ein Kreuzritter?**

Literatur- und Internettipps

Literaturtipps

Wolfgang Bergmann:
**Kleine Jungs – große Not.
Wie wir ihnen Halt geben.**
Beltz, 2008.
ISBN 978-3-407-22898-7

Eva Blum,
Hans-Joachim Blum:
**Der Klassenrat. Ziele,
Vorteile, Organisation.**
Verlag an der Ruhr, 2006.
ISBN 978-3-8346-0060-8

Jana Frey:
**Streiten gehört dazu,
auch wenn man sich
lieb hat.**
Ab 4 J., Ravensburger, 2004.
ISBN 978-3-4733-3095-9

Petra Gilbert-Scherer, et al.:
**„Die hat aber angefan-
gen!" – Konflikte im
Grundschulalltag fair
und nachhaltig lösen.**
6–10 J.,
Verlag an der Ruhr, 2007.
ISBN 978-3-8346-0307-4

Marina Götzinger,
Dieter Kirsch:
**Grundschulkinder werden
Streitschlichter –
Ein Ausbildungsprogramm
mit vielen Kopiervorlagen.**
8–10 J.,
Verlag an der Ruhr, 2004.
ISBN 978-3-86072-854-3

Mira Lobe, Susi Weigel:
Die Geggis. Ab 5 J.,
Jungbrunnen-Verlag, 1985.
ISBN 978-3-7026-5584-6

David McKee:
**Du hast angefangen! Nein,
du!** Ab 4 J.,
Sauerländer-Verlag, 2005.
ISBN 978-3-7941-2776-4

Ursula Reichling,
Dorothee Wolters:
**Hallo, wie geht es dir?
Gefühle ausdrücken
lernen.** 5–10 J.,
Verlag an der Ruhr, 1998.
ISBN 978-3-86072-180-3

Jan Uwe Rogge:
Kinder brauchen Grenzen.
Rowohlt Taschenbuch, 1993.
ISBN 978-3-4991-9366-8

Jan Uwe Rogge:
**Wut tut gut: Warum Kinder
aggressiv sein dürfen.**
Rowohlt, Reinbek, 2005.
ISBN 978-3-4980-5775-6

Pete Sanders, Liz Swinden:
**Lieben, Lernen, Lachen.
Sozial- und Sexualerzie-
hung für 6- bis 12-Jährige.**
Verlag an der Ruhr, 2006.
ISBN 978-3-8346-0075-2

Charles A. Smith:
**Hauen ist doof – 160 Spiele
gegen Aggression in
Kindergruppen.** 3–9 J.,
Verlag an der Ruhr, 2005.
ISBN 978-3-86072-953-3

Internettipps

**www.familienhandbuch.de/cms/
Haeufige_Probleme-Streit.pdf**
Hier finden Sie einen interessanten
Fachartikel: Was Kinder über Streit und
Konfliktlösungen denken.

**www.medienwerkstatt-online.de/
lws_wissen**
Hier finden Sie vielfältige Unterrichts-
vorschläge und Handlungsanregungen zum
Thema: Streiten und Konflikte in der Schule.
Folgen Sie den Links: Mensch und Gemein-
schaft, Beleidigungen und Mobbing.

*Die in diesem Werk angegebenen Internet-
adressen haben wir geprüft (Stand: August
2008). Da sich Internetadressen und deren
Inhalte schnell verändern können, ist nicht
auszuschließen, dass unter einer Adresse
inzwischen ein ganz anderer Inhalt angebo-
ten wird. Wir können daher für die angegebenen Internetseiten keine Verantwortung
übernehmen.*